JN130604

連続講義

〈食べる〉ということ

「食」と「文化」を考える

神田外語大学
【編】

神田外語大学出版局

まえがき

「文化」は人間が自らを取り巻く環境に対処しつつ生存のために作り上げてきたものです。ですから、「文化」を考えることは「人間」を考えることでもあるのです。人間にとって「食べるということ」は生きていく上で基本的な行為ですが、それには栄養を摂るということ以上の意味があります。いつ、どこで、誰と、何を、どのように食べるかは、文化によって異なり、世界の国や地域に個性的な「食」の文化が育まれました。

気候や土壌といった自然環境によってその土地でできる作物が違ってきます。そのため国や地域によってコメや小麦、イモ類など主食も様々ですし、料理に使う食材にも特色が生じます。また、文化が異なると、ある地域で普通に食べられているものが、別の地域では食することを禁じられているということもあります。宗教的な理由から肉やアルコールの摂取が禁じられることもあり、風習によっては妊婦や老人など特定の人に特定の期間、特定の物を食べることを禁じるという食物禁忌（タブー）もあります。

しかし、「食」に影響を与えるものはその地域の自然環境、宗教、風習ばかりではありません。他の文化圏との交流によって外来の食材や食べ物が伝わってきたり、民族間の争いや興亡の過程で新たな調理法や食事方法が伝わったりと、食文化は諸地域を巡る歴史とも深く関わりながら形成されてきました。また、近代化やグローバル化の波も、今日の「食」のあり方に大きな影響を与えています。食の質や食と健康のあり方が問われる時代になっています。

＊

神田外語大学では、「文化とは何か」「人間とは何か」に興味を持ち関心を深めたい学生に向けて、毎年後期に「文化について考える」というオムニバス形式の講義を開講しています。この講義では、文化研究に携わる教員方が文化に関わる共通のテーマについて、各教員が自らの専門分野から様々なアプローチを試みることにより、文化の多様性や面白さを伝え、学生の知的好奇心を育むことを目的としています。二〇一七年のテーマは「〈食べる〉ということ」でした。

本書は、専門分野を異にする一三人の研究者が「〈食べる〉ということ」についてそれぞれの視点から行なった講義を基に執筆されたものです。

Ⅰ部の「世界の〈食〉」では、韓国、中国、東南アジア、ブラジル、アメリカ、スペイン、イスラム教圏の食について考えるためのヒントやポイントを異なる切り口から論じています。Ⅱ部の「日本の〈食〉」では、日本人の肉食、携行食、食育、外来飲食産業の受容、食と健康、食と味覚といったユニークな視点から六人の研究者が論じています。なお、本書は専門書としてではなく一般教養書として編まれているため、参考文献の提示については必要最小限にとどめました。また、本書がきっかけとなり、もう少し深く知りたいと思われる読者のために、ご参考までに各章の末尾に「図書案内」を設け、基本図書をあげておきました。

普段何気なく行なっている「食べる」という行為も、文化という視点から見ると、これまで見えなかったものが見えてくるに違いありません。本書が読者の皆さんの異文化理解を深め、文化としての「食」を考える機会となれば幸いです。

二〇一八年　夏

執筆者代表
花澤聖子
奥田若菜

#【目次】

連続講義
〈食べる〉ということ――「食」と「文化」を考える

[1]

世界の〈食〉

1 韓国における外来食

一　はじめに

日本で伝統的な食文化をテーマに話をするとき、二〇一三年、ユネスコ世界無形文化遺産に「和食：日本人の伝統的な食文化」が登録されたことを思い浮かべる人は多いでしょう。奇しくも同年、韓国でも冬場にキムチを漬け込む習慣であるキムジャンが登録されました。登録名は「キムジャン、キムチを漬けて分かちあう文化（김장, 김치를 담그고 나누는 문화）」です。人々は食を話題にするとき「伝統」を意識しますが、実際には多くの要素が外部から持ち込まれていることが分かります。製法はもちろん、食材も国外から導入されることがあります。一六世紀以降に導入された唐辛子はもとより、主原料となる白菜は高麗時代、ニンジンは一五〇〇年代、キムチに時々すり下ろして入れるタマネギなどは朝鮮時代末期以降に朝鮮半島に持ち込まれたといいます。つまりは、一〇〇〇年から一〇〇〇年の幅で外来の影響を受け続けて伝統は創られているわけです。

一方、現代韓国で好まれている食の中にも外来とされる食が多くみかけられます。それは日本食や洋食、中華など、日本統治期以降に入ってきた料理を指すことが一般的ですが、先の例でいえば、これら外来食からもいずれ「外来」が外れるときがこないともかぎりません。ここでは、現代韓国の食の中で外来とされるものの変遷を追います。調理法、食材、食器、マナーなど、現代韓国の食を振り返る過程で、いかに多様な食を取り入れ、人々が日常的にそれらを受け入れているかをみていきます。

二　韓国・朝鮮における「外来食」

外来食とは何かという問いへの回答はたやすくありません。また朝鮮半島における外来食の導入を、長く鎖国政策を強いた朝鮮王朝が弱体化して起きた現象とだけ捉えるのは、食という文化の流れを今日的な現象に押しとどめた見方といえます。それ以前にもモンゴルの侵入によって肉食が普及したり、豊臣秀吉による朝鮮出兵を契機に日本から唐辛子がもたらされたりしたことが、現代の韓国の食に少なからず影響を与えているように、食は古来、人の流動によって常に変化を強いられてきました。また料理法に関しても、どこまで変化すれば「現地料理」でなくなるのか、あるいはもともと「外来」であってもどこまで「現地化」すれば「現地料理」といえるのか、明確な区分はありません。

ここで外来食というときには、形式としては日本でいう一汁三菜に近い三楪床《サムチョプサン》（「楪《チョプ》」は、飯、汁物、調味料をのぞいた副菜を盛った皿のこと）、それより副菜を増やして格上げをしていく五《オ》楪床、七《チル》楪床、九《ク》楪床、十二《シビ》楪床（宮廷のみ）を基本とした左の写真のような朝鮮式に則らない料理としておきます。また時代区分的には、近代国家の成立期を念頭に、欧米や日本などの外圧を受け、鎖国体制を撤廃していかざるを得なかった朝鮮時代末期、開港期以降を中心に話を進め、当時の料理区

韓定食（コース料理）

雑穀飯定食

全州韓屋マウル旅館での朝食

分にしたがって「外来」や「現地」を用います。少し乱暴にいえば、約六〇〇年にわたる朝鮮時代が終焉を迎えて外部から持ち込まれた料理形態をここでは外来食として扱いたいと思います。

そのように設定したとき、朝鮮半島に入ってきた外来食といえば、開港以降に持ち込まれた日本料理、中華料理、そして西洋料理となります。

三　外来食としての日本食

日本料理に関しては、一説によると日本の植民地期に多数の日本人が移り住み、それに伴って日本料理店が栄えていきます。有名な料理屋は料亭のスタイルを取りましたが、同時に、粒食《りゅうしょく》を中心に庶民的な料理も普及したと考えられます。それが日本の敗戦、引き揚げによって、日本的なものが排除される気運が高まります。

その一方で、日本料理が生活に入り込んでいたこともあり、「倭食《ウエシク》」という名称で日本料理店ができ始め、一九六五年の日韓国交正常化を契機に「日式《イルシク》」という名称に格上げされ、店舗が益々増加していきます（文藝春秋編『B級グルメが見た韓国』）。またこの頃、日本で生まれたインスタントラーメンが食糧難に苦しんだ韓国内で広まっていきます。一九六三年に明星食品が三養《サミヤン》ラーメンにほぼ無償で技術提携を行なったのがきっかけです。世界ラーメン協会によれば、韓国の一人あたりのインスタントラーメン年間消費量は七六・一食（二〇一六年）で世界一位です（日本は年間一人あたり約四六食）。一九八〇年代になると、いわゆる日本料理の認識が好転していきます。一九八〇年代前半までは、反日感情のために日本料理店経営者は売国奴の扱いを受けるほど冷遇されましたが、一九八〇年代中頃から始まった健康志向の波は、日本料理を最高級な料理に押し上げました（周永河「韓国で出会う中国・日本の食べ物」『BESETO』83）。

その後、外来食の店舗数が増加する中、二〇〇二年以降は両国間の友好的な雰囲気の中で、日本語による看板を掲げた日本料理店・居酒屋・トンカツ屋・ラーメン屋などがみられるようになりました。居酒屋などは若者の間で受け入れられたほか、たこ焼き屋台なども都市部でよくみかけます。コンビニエンスストアではおにぎりが売られ、味もソース以外に、カツオだしも浸透し、大型小売店でレトルトうどんが人気になるほどです。

四　外来食としての中華

中華料理の導入についても人の移動による影響が強く、一八八二年の朝中水陸貿易章程以降、清国人が移住したのが始まりとされます。家庭料理と併行し、中華そばやホッパン（蒸しパン）のような労働者のための軽食が入りました。同時に、宴会場を設けた大型料理店が進出し、一部の階層で祝宴や式典、政治的会合で用いられていきます。

料理の担い手は主には朝鮮半島に移り住んだ華僑で、一部の屋台的な店舗を除いて、一般の中華料理店店主は彼らによって経営されました。一九六〇年代頃までの中華料理も他の外食産業同様に高嶺の花で、一般人は気楽に利用できませんでした。それが根づくのは都市化が進む一九七〇年代以降で、担い手であった韓国華僑にとっては受難期でもありました。この頃には政府からの価格統制が一部の料理にかけられるなどして、中華料理店店主である華僑の立場を苦しいものにした反面、一般韓国人が徐々に外食としての中華料理に親しんでいく時代でもありました。また中華料理で一般的となった「出前」も中華料理の普及に大きな貢献をしました。中華料理が華僑の独占物でなくなり、中華料理に現地化が進んだのもこの時期と考えられます。一九八〇年代後半になると中華料理の食材の高級化を迎えますが、一九九七年の通貨危機前後で外食自体が落ち込み、ジャージャー麺に特化して値下げする料理店が登場しました。二〇〇〇年頃から景気が回復し始めると、再び高級化した料理店や、しゃれた内装の料理店、無国籍風にアレンジした料理店などが増加しました。

五　外来食としての洋食

西洋料理の導入に関しては、外国人向けホテルと百貨店の影響が大きいと考えられます。西洋式ホテルの先駆けは、一八八八年営業開始の仁川・大仏《だいぶつ》ホテルとされますが、有名なのはロシア公使の義姉でフランス系ドイツ人のアントワネット・ソンタグ（Antoinette Sontag）が開業したソンタグホテルでしょう。ただ、日露の覇権争いの結果、このホテルは八年で閉業します（文藝春秋編『B級グルメが見た韓国』）。一九一二年からは鉄道ホテルが主要駅にできたほか、一九一四年にはソウルに現代的西洋式ホテルとされた朝鮮ホテルが開業するなど、各地にホテルが建設され、そこで西洋料理が提供されました。一方、百貨店も西洋料理の普及の一翼を担いました。一九一六年に三越がソウルで開業した後、丁字屋《ちょうじや》・平田《ひらた》・三中井《みなかい》・和信《わしん》など次々に百貨店が開業しました。これら百貨店に設けられた食堂では「軽洋食」として西洋料理が提供されました。ただ、西洋食堂ができる前に西洋料理自体は入っており、すでに日本の食堂が軽洋食を提供していました。それら食堂の一部は、ホテルや百貨店などを通じて西洋スタイルが定着すると、「グリル」という名称で、軽洋食に特化した料理店となります。

これら日本人経営の西洋料理店には、オムライス、ハヤシライス、トンカツなど、日本式洋食が含まれていました。初期には日本同様、フランスシェフがもてはやされていたようですが、日本の影響力が強まるにつれ、日本式洋食が幅を利かせるようになったと考えられます。

一方、戦後韓国では、アメリカ軍人や船員を相手にした洋食店が営業されていき、ここに欧米志向の強い人々が取り込まれていきます。食材に着目すれば、在韓米軍から横流しされたスパムやソーセージを具材に鍋料理「プデチゲ」などの韓洋折衷料理が登場します。一九五五年からの小麦粉を中心とした食糧支援で、パン食が普及したのもこの時期です。

一九七〇年代に入ると、これまで訪韓西洋人が主客であった洋食に、欧米に憧れる韓国人が参入します。一九八〇年代頃からは若い会社員や学生が参入し、社交やデートにも用いられるようになりました。一九八〇年代後半には、単に「洋食」と一括りにされていた西洋の料理に対して、フランス料理、イタリア料理といった細分類化がみられるようになります。

六　外来食と外食

外来食と外食の関係は密接で、日本食、中華、洋食の三種類の外来食カテゴリを中心に韓国の外食産業自体も発展していきます。韓国で外食産業が発展していくのは、都市化が進む一九七〇年代から韓国の人々が豊かさを享受するようになった一九八〇年代です。都市人口が増加し、会社中心の都市生活が一般的になると、人々は否応なしに外食産業に食事を頼るようになりました。また運動会や卒業式などの特別な日には家族揃っての外食が一般化していきます。経済成長に加え、軍事政権ながら消費に人々の関心を向けさせた全斗煥《チョン・ドゥファン》政権（一九八〇〜一九八八）の誕生が外食産業の躍進につながったと考えられます。ソウル五輪の開催で自信がついた韓国の人々が外食という「贅沢」を「当然のものとして手にした権利」と考えていたようにさえ思われます。中でも、一九八九年から自由化された海外旅行の影響で「外」の多様さを韓国の人々が認識し始めたことは、外食としての外来食普及に一役買いました。

外食産業として国内チェーン店が登場したのが一九七〇年代で、海外資本として同胞企業ながらもハンバーガー・チェーンのロッテリア（一九七九）が参入したのが最初です。その後、外食産業が隆盛を極めたのが一九八〇年代半ば以降で、所得水準と生活スタイルの都市化によっています。高度経済成長期に人々が大量に都市に流れ込み、核家族化が進行する中で韓国の外食産業は発展してきました。地方から上京して働く人々が急増し、昼食などを食堂ですませる人々が増加したのです（咸翰姫ほか「ソウル住民の食生活変遷」『ソウル20世紀生活・文化変遷史』）。しかし、それが徐々に社会的な落ち着きをみせたことで国民が中流意識を持ち、週末に家族で外食するなど、外食を楽しむといったライフスタイルを確立したといえるでしょう。

その後、ピザイン（一九八四）やピザハット（一九八五）などのピザ専門店が一九八〇年代から街頭に目立ちました。同時期にアメリカ資本となるフライドチキンのＫＦＣ（一九八四）やマクドナルド（一九八六）が参入しました。その後、アメリカ資本のデニーズ（一九八六、一九九三）やシズラー（一九九三）、日本資本のすかいらーく（一九九四）などが次々に参入し、これらファミリーレストランが家族で外食が楽しめる環境をつくりだしました。さらに一九九〇年頃から、アショカ

（一九八八）やタージマハール（一九九〇年代初）などのインド料理や、パタヤ（一九九三）などのタイ料理、そして一九九〇年代後半になるとポホア（一九九八）やポタイ（一九九九）といったベトナム料理などさまざまなエスニック料理をみかけるようになりました。また、これらを互いに組み合わせたフュージョン料理（無国籍料理）が流行し始めたのも一九九〇年代後半からです。

ただ、注意すべきは、これらそれぞれの料理の枠組みが明確でないことです。たとえば、洋食を例にしても、先述したように日本式洋食が初期には多く入り込んでいます。日本の業者が技術提携したインスタントラーメンはラーメンの「国籍」問題とも重なり、日本食なのか中華なのか、明確に区別できません。中華料理自体も、地理的な要件から南方よりも北方の影響を強く受けています。たとえば、中国南方でみかける焼売は現代韓国でもあまりみかけません。韓国の中華料理店にみられるメニューにチャンポンやウドン、オムライスがあるのも食の混淆性といえ、一つの枠に収まりきれないことを示しています。

七　まとめ

和洋中を中心にみてきた韓国・朝鮮の外来食ですが、これらは共通して、長い間、一般的な韓国の人々にとって高嶺の花でした。とくに朴正熙《パク・チョンヒ》政権（一九六一～一九七九）は国力増強を最大の目標とし、「贅沢は敵」とみなして質素倹約を奨励しました。したがって、これらの外来食が普及していく過程や、韓国の経済成長とともに庶民の間に根づいていった経緯も比較的似ています。ただし、普及過程で、各外来食が背負った「国籍」の違いが普及の仕方の違いを生みだしたことも事実です。

日本料理は、食材も似ており、統治時代を通じて慣れ親しんだ人々も多くいた一方で、韓国社会にとって「日本」は容認せざる存在であったことから、ときに遠ざけられるなど、愛憎を含む複雑なまなざしでみられました。西洋料理は、日本式の影響を多く受けて成立していた一方で、朝鮮戦争後の韓国に多大な影響を及ぼしたアメリカの影響、そして経済成長を遂げた後は若者たちが持つ漠然とした「西洋」への憧れがその普及を後押ししていきました。中華料理は朝鮮半島に移住した韓国華僑の存在と切り離して考えられませんが、開港以前にも直接的に関係が深かったこともあり、一部、宮廷料理に取り入れられ、いち早く現地化して定着します。そして、粉食《ふんしょく》を中心とする料理形態が小麦粉の大量流入や出前文化の浸透を通じて受容されてきました。ただ、これらの違いもハイブリッド化が進む今日では影をひそめ、単に韓国の食の多様化に貢献したにとどまっています。

＊

これまで、食をテーマに韓国・朝鮮における「外来」の影響についてみてきましたが、周囲を注意深く観察すれば、文化全般が常に外来の影響を受けて今日に至っていることが分かります。時代ごとに多くの外来語を取り入れた言語などはその最たるものでしょう。文化の解読作業はまた、自らを問い直す作業にほかなりません。世界文化遺産登録の過熱化現象や他地域の文化の「純血」礼賛をみて、「和食」や「日本文化」の礼賛についても問い直してもらえたらと思います。そして、それこそが国家の呪縛から逃れた、美味しい食につながる第一歩と思っています。

（林　史樹）

【図書案内】

朝倉敏夫・林史樹・守屋亜記子『韓国食文化読本』（国立民族学博物館、二〇一五年）
文藝春秋編『B級グルメが見た韓国―食文化大探検』（文藝春秋、一九八九年）
河合利光編『食からの異文化理解―テーマ研究と実践』（時潮社、二〇〇六年）

2 中国の食卓

一 食べ物を口に運ぶ道具

箸より早い匙《さじ》の出現

食事の際に食べ物を口に運ぶ道具として、地球上で最も多くの人が用いているのは自分の手です。アフリカ、中近東、インド、東南アジア、オセアニアなどを中心に、世界の約四割の人が手で食べています。次に多いのが、ナイフとフォーク食で三割強、残りの三割弱の人が箸を用いて食事をしています。

この三者のいずれを選択するかは、各民族の食べ物の違いや食材、調理法、宗教などの違いに左右されると言えるでしょう。中国料理のように熱々の料理が多い場合は、手食は不向きでしょう。ヒンドゥー教やイスラム教では、箸やフォーク・ナイフといった道具を使って食べるより、よく洗った手の方が清浄と考えるため手食になります。また、肉食の多い西洋料理などでは、切ったり刺したりする機能に優れたナイフ・フォーク食が向いていると言えるでしょう。

中国では現在、食事をするときに、箸と共に中国式匙すなわちレンゲを使って食べます。大きめのレンゲはスープや汁気の多いものを取り分けるのに使い、小さめのものは各自の碗からスープを飲む際に使います。その他のものは箸を用いて食べています。チャーハンなどを食べるときは箸とレンゲを併用することもあります。

手食、ナイフ・フォーク食、箸食のうち最も古くからあったのは言うまでもなく手食です。日本でも民衆が箸を使うようになったのは八世紀頃のようです。中国では歴史的に匙の出現が箸より早く、階層によって食べるものが違っていたものの、粟《あわ》や稗《ひえ》などは火を加えてもポロポロなため、箸ではなく手や匙で食べていました。

考古学の資料によると、匙は紀元前五五〇〇年以前に原始的農業を営む人々によって発明され、新石器時代にはすでに骨で作られた匙が使われていたということです。

箸の出現と用法の変遷

箸はいつ頃から使われていたのでしょうか。殷（商）王朝後期の都である殷墟（現在の河南省安陽市）の墓から青銅製の箸が発掘されており、殷代後期にはすでに箸が出現していたことは確かだと言えます。『史記』にも殷王朝最後の王である紂《チュウ》王が初めて象牙の箸を使ったという記述もあります。

それでは箸はどのように用いられていたのでしょうか。『礼記』の「曲礼《きょくらい》」に黍《きび》で炊いた飯も箸で食べてはならないと書かれていること、また吸物に実の有るものは箸を使い、実の無いものには箸を使わないとあることから、箸は飯を食べるのではなく吸物の実を取るのに使われていたと考えられています。これまでの研究の成果によると、始めは手で飯を食べていましたが、後漢（二五～二二〇年）の頃から匙を用いるようになり、こうした匙と箸の併用が、少なくとも元代（一二七一～一三六八年）までは続き、飯を食べるのに匙から箸へという転換が起こったのは明代（一三六八～一六四四年）だということです。

なぜ明代に飯を箸で食べるようになったのでしょうか。青木正児は明王朝を建てたのが南方の漢人だったことと関わると考えています。彼らは粘性のある米を食べており、箸で飯を食べるという南人の風習が、彼らの勢力の拡大に伴い、北方にも伝わり、飯を匙から箸で食べるという転換が行われたのではないかということです（青木正児『華国風味』岩波文庫）。

明王朝は都を南京に定めましたが、間もなく北平（現在の北京）に遷都したため、「宮廷や文武百官とともに、多くの南方人が北方に移り住んだ。彼らは南方の食材だけでなく、食習慣も食事マナーも北へ持ち込んだであろう。箸で飯を食う風習が全国に広まったのはそのためかもしれない」と張競も『中華料理の文化史』で書いています。

中国の四千年とも言われる歴史の長さを考えると、箸で飯を食べる歴史は意外にもそう古くはないのです。

二　縦方向に置かれる箸

箸の形状

同じ箸文化圏に属していても、中国の箸と日本の箸では形状が違います。日本の箸は先端が細く作られており、中国の箸より短めで小さな物もつまみ易くできています。各人に配膳される伝統的な日本の食事方法では、箸は自分の皿から口へ運ぶ用途に使われるため、長い必要がなく、むしろ短めの方が使い勝手がいいということでしょう。また、先が細くなっているのは伝統的にタンパク質源として魚を多く食べたため、魚を食べるのに適しているからと考えられます。

中国の箸は、先があまり細くなっておらず、日本の箸より長めです。中国における箸の用途には、大皿から各人の皿に取るという用途と、自分の皿から口へ運ぶという二つの用途があります。日本の箸より長めであることから、中国の場合、箸の主たる用途が共同の食器から取り分けることにあると考えられます（西澤『中国の食事文化の研究』）。また、大は小を兼ねるとも考えられるでしょう。

西澤は、中国の食器で持ち上げていいのは飯碗のみであり、箸の先が日本の箸のようにあまり細くなっていないので、ぱさぱさしたインディカ種のご飯を食べるのに適しているとも指摘しています。

日本の箸には男女の区別があって、女性の箸は男性の箸より少し小振りにできていますが、中国の箸には男女の区別も大人と子どもの区別もありません。小さな子どもには大人と同じ長さの箸は使いにくいでしょう。ですから子どもは箸の下の方を持って食べ、大きくなるに従ってだんだん上の方を持つようになります。

現在、日本の家では多くの人が自分専用の箸を持ち、家族の人とも共有しません。また、直箸《じかばし》を嫌うので「取り箸」があります。中国では家でも自分専用の箸は持ちません。直箸も嫌うことがないので、大皿から料理を取る時も自分の食べている箸で取ります。映画などでも母親が子どもの飯碗に自分が食べている箸で自分の飯碗の中のおかずを取ってあげているのを目にします。直箸を嫌わないため、元来取り箸はありませんでしたが、近代化の過程で、バイキング形式のパーティーなどでは取り箸が添えられるようになりました。また子ども用の箸も見かけるようにはなっています。

箸の置き方の変化

日本では箸を食卓に置くときは、箸先を左にして身体と平行に横向きにします。中国では現在、箸先を向こう側に身体と直角に縦向きに置きます。箸は中国から伝わってきたものですから、その置き方も伝わったはずだと考えられるのですが、なぜ日本と中国で食卓での箸の置き方が異なるのでしょうか。

箸が縦向きに置かれた中国の食卓

上海出身で比較文化学の研究者である張競によると、実は中国でも古代は箸を横に置いていたというのです。一九八七年に陝西《せんせい》省の長安県南里王村で唐代中期の墓が発掘され、その墓室に描かれていた宴会の場面の壁画には、箸が横向きに置かれています。その他、敦煌にある莫高窟《ばっこうくつ》の四七三窟の宴会の場面を描いた壁画でも、箸とレンゲが横向きに置かれていました。こうした壁画の存在によって、少なくとも唐代までは中国でも箸を横に置いていたことが分かっています。

それではいつ頃から縦向きに置くようになったのでしょうか、それはなぜなのでしょうか。

壁画や絵画を基にした張競の考察によると、宋代、遅くとも元代になると箸の置き方は縦向きに定着したということです。

唐代と宋代の間には、五代十国時代と呼ばれる動乱の時代があり、その間に北方の騎馬民族が王朝を打ち立て、漢民族の居住区に移民してきました。彼らは牧畜を営み肉を主食としていたため、食事の際はナイフを使用しました。そのナイフは食事の際に縦に置くので、それに合わせて箸も縦に置いたのではないか、また中国の箸は断面が円形なため、その方が食卓から落ちにくいという利点があったのではないかと張競は類推しています（張競、前掲書）。

三　共有される食器

私たちが日常的に体験しているように、料理にしてもスープにしても、共同の器に盛られたものを個人用の取り皿や碗に取り分けて食べるというのが中国料理の特徴です。ですから中国料理の場合、食器はまず料理を盛るための共同用の食器と取り分けるための個人用の食器の二種類が必要になります。共同の食器は、基本的に料理を盛るための大皿とスープを入れる大碗の二種類が必要で、個人用の食器は、取り皿とスープ用の碗と飯碗の三種類が必要となります。この五種類が中国料理の場合基本となる食器で、種類が少ないのも特徴です。レストランなどでは、料理ごとに取り皿を替える場合もありますが、家庭で食事する時は、一枚の取り皿で済みますので、洗い物も少なく合理的でかつ省エネです。

食器の形状についても、魚料理は楕円形の皿に盛られますが、その他は皿にしても碗にしてもみな丸い形です。共同の食器には多少のバリエーションがあったり、チャーハンを盛る皿が八角皿だったりするものの角張った食器は見当たらず、従来シンプルなものでした。もっとも、最近は近代化政策の下で経済が急速に発達し、食器の形状も正方形や長方形などの四角い物や花型など、多様化しているようです。

日本の多くの家庭では、これはお父さんのご飯茶碗、これはお母さんのご飯茶碗というように、個人が所有する食器を持っています。しかし、中国では箸と同様に個人が所有する食器を持たないのが一般的です。また、日本の場合、男の飯碗は大きく、女の飯碗はそれより少し小さいというように、箸と同様に男女によって区別があったりしますが、中国ではやはり箸と同様にそうした男女の区別はありません。また大人と子どもの区別も基本的にありません。近代化が進んで、家庭によっては子ども用の食器が全くないわけではないのですが、広く普及されているわけではありません。

四　食卓に置かれる食べかす

近年グローバル化が進み、観光客として日本にやってくる外国人もかなりの数にのぼっています。二〇一七年の来訪者は約二八六九万人で、その内、中国人が約七三六万人でトップを占めています。日本に居ながらにして中国人の行動を目の当たりにすることが増えたわけです。

中華レストランでアルバイトをする学生たちによると、中国人の客が来るとテーブルの上を散々散らかして帰るので本当に嫌だという声が聞かれます。アルバイト仲間には中国人が来るとあからさまに嫌な顔をする店員もいるということです。日本の習慣では、たとえば、魚の骨や鶏のから揚げの骨などは、自分の皿の端におき、中国人のように決してテーブルの上やテーブルクロスの上には置かないからです。店員のみならず、それを見た日本人客も、きっと中国人は「マナーが悪い」と不快に思うでしょう。

実は食べかすをテーブルの上に置く習慣は、中華民国期の中国においてもやはり外国人に目撃されており、今日でもほぼ中国の全土の家庭やレストランでよく見られる光景です。この習慣は家庭における日常の食事やインフォーマルな宴会における中国の習慣なのです。フォーマルな宴会では明代でも食卓を汚すことはなく、それは今日においても同じです。

それでは、この食べかすを食卓の上に置く習慣をどのように解釈すればいいのでしょうか。以下、西澤治彦の『中国の食事文化の研究』に出てくる考察を紹介したいと思います。

西澤によると、まず第一に、中国では骨付きの肉が好まれる傾向にあり、エビや貝など魚介類も多く食べるので、骨や殻など食べかすが出やすいということを考慮する必要があるということです。

第二に、大皿から各自が料理を取り分けて食べるという食事方法に注目しています。スープや汁気の多いものを取り分ける際に、どうしてもこぼしてしまうことがあり、食卓を汚してしまいがちになります。そのため食卓を汚すことに対して中国人はそれほど抵抗感がなく、こうした食卓感から食べかすを置くことにそもそも抵抗感を持たないのではないかというのです。

第三に、食器と食べかす処理の合理化が考えられるということです。人数によってはテーブルは共同用の食器や取り皿で一杯になり、食べかす用の食器を置くスペースがないという物理的理由や、使用する食器をなるべく少なくし洗う手間も省きたいという思いがあります。加えて、テーブルの上にかすを置いた方がより合理的に処理ができるというのです。食事をし終えたら、食器と箸を片付け、あとはテーブルクロスの四隅をつまんで大きなゴミ箱のところへ行きそのまま食べかすを捨てることができます。こうした光景を筆者も中国で目撃しています。西澤は、香港人の家庭に招かれた時に、取り皿の端に食べかすを置いたところ、テーブルの上に置くように言われたということです。

存分に汚された食卓と食べ残した料理、食べかすの山は、十分楽しんで食べたという満足感を示すものであり、それが宴会であれば、宴会の成功を物語るものだと西澤は述べています。

確かに、インフォーマルな食事にもかかわらず、大皿から料理を取り分ける際にテーブルを汚さないようにと気を使っていたのでは、緊張してしまい、食事を楽しむ気分が半減してしまうでしょう。汚すことを気にかけもしないところに気安さと寛ぎ感があり、食事や会話を十分に楽しめるのかもしれません。

五　食卓で育まれる親密感と他者志向性

大皿から料理を取り分けて食べる食事方法は、一つの皿からみんなで食べるところに一緒に食事をしたという実感があり、その共同性によって親近感を強めることができます。中国人からすると、伝統的な日本の食卓のように各自が銘々の皿から食べる方式は、よそよそしさを感じさせるようです。

また、中国人と知人になったその日に、「いついつに一緒にご飯を食べに行こう」と誘われ面食らう日本人も多いでしょう。筆者が北京に滞在していた時に、硯の売り場で知り合った製薬会社の社長さんと名刺を交換した際に、書道に興味があると話したところ、知り合ったばかりにもかかわらず、その日の夜に電話があり、大学の先生をしている書道家の方との宴会のお誘いを受けました。あまりの手回しの良さにびっくりしました。日本人は仲良くなってから一緒にご飯を食べようと思うわけですが、中国人は、仲良くなりたいから一緒にご飯を食べようと考えるわけです。社交的で人の輪を広げることに大変積極的なのが分かります。

取り分けてみんなで食べる方式は、人と人との距離を一気に縮め親密感を深めるのに役立つというメリットを持っていますが、同席する他の人のことを考えながら料理を取らなくてはいけないという気遣いが必要であることも否めません。宴会などの時は、和気あいあいとした中にも取り順なども考慮しつつどれだけ自分の皿に取り分けるか、ある種の緊張感がそこにはあります。家でも自分の好きなおかずばかりを取ったりご飯を少ししか食べずおかずばかり食べたりすれば、親に注意されます。こうして他者のことを考えること、思いやることを毎日の食事を通して学びます。

しかしながら、日本において中国人を自己中心的な人たちだと考える人が、アンケート調査の結果では圧倒的に多いのです。それはなぜなのでしょうか。彼らの他者志向性は、食卓を共にする人々に対しては働くのですが、同じ食卓につかない人、見知らぬ赤の他人には多くの場合働きません。人間は同じ一人の人間でも常に自己中心的に行動したり他者志向的に行動したりするわけではありません。人と人との関係性や「場」によって知らず知らずにその両者を使い分けているのです。

（花澤聖子）

【図書案内】

張競『中華料理の文化史』（ちくま文庫、二〇一三年）
西澤治彦『中国の食事文化の研究』（風響社、二〇〇九年）
周達生『中国の食文化』（創元社、一九八九年）

3 東南アジアの「奇妙」な食卓

一 「食わず嫌い」はなぜ起こる？――食物タブーを解きほぐす

「うわ、どうしよう?!」。今から十五年ほど前のことです。ベトナムの北部山間部、ランソン省の少数民族の村にある小さな小学校の教員用宿舎で昼飯をご馳走になったときのことです。その村は数年前に電気が通ったばかりで、ガスや水道はなく、煮炊きは薪で起こした火に鍋をかけるだけ。普段は茹でた青菜とその茹で汁だけをおかずとしている彼らが、遠く日本からやってきた私への精一杯のおもてなしとして、貴重なタンパク質の一皿を追加してくれたのです。それは山盛りになった犬肉の炒め物でした。「さあ召し上がれ！」目を輝かせて私の顔を覗き込んだ若い先生たちを前に、私はひどく動揺しました。

世界の中で犬肉食を行う地域はそれほど珍しくありません。地理学者のシムーンズによる『肉食タブーの世界史』によれば、旧世界における犬肉食の二大中心地は、北・西・中央アフリカと、東南・

東アジアおよび太平洋の島々でした。また新大陸では、アメリカ合衆国の東部や中米で、食用のための犬が飼育されてきました。実は日本でも弥生時代から本格的な犬肉食が始まり、仏教や神道の殺生忌避により肉食が禁じられた中世や近世でも、犬を食べる食習慣が残っていたようです。沖縄では一九五〇年頃まで犬肉が広く食べられていたという話もあります（山田仁史『いかもの喰い』）。

愛玩動物として広く親しまれている犬を食用にするなんて野蛮だと感じる人も多いでしょう。犬肉食をめぐっては、一九八八年のソウルオリンピックや二〇〇八年の北京オリンピックをきっかけに、韓国や中国でも社会的議論が巻き起こり、動物愛護派と食文化の伝統維持派との対立が激化したという経緯があります（山田、前掲書）。台湾ではすでに犬肉食を提供する店は（表通りから？）姿を消したそうですが、ベトナムでは近年でもそれほど人目を気にせず食べることができる食材です。余談ですが、ベトナムが誇る国立大学のある学科では、犬肉料理を食べに行くのが教員懇親会の恒例行事となっていて、別名「犬肉学科」と自称しているのを聞いたことがあります。

自分たちが食べないような食材を食べる人々のことを、私たちは「イカモノ食い」または「ゲテモノ食い」と呼んで、忌避の対象としてきました。こうした反応が生まれる背景には、ネオフォビア、すなわち、なじみのあるものを好み、新しいものに嫌悪感を示したり恐怖心を抱いたりする社会的感情が存在します。食文化研究の第一人者である民族学者の石毛直道によれば、こと食物に対してはどの民族も保守的であり、いちじるしくネオフォビアの傾向が見られると言います。自分たちが所属する食文化における「食物」の範疇から外れた食物を食べることは、個人のレベルでは「悪食《あくじき》」であり、社会的なレベルでは「食物タブー」として、その境界を冒す人々を、自分たちとは異なる他者として区別（ときに差別）しようとするのです（石毛直道『食の文化を語る』）。

その一方で、食べ物を通じた他者区別のやり方は、特定の食文化を共有する集団を区切り出し、集団の内部にいる人々の連帯を強化する役割も担っています（石毛、前掲書）。先に述べた「自称・犬肉学科」の人々も、定期的に開かれる懇親会という場において自らの所属する集団の境界を確認するとともに、学科内の教員同士の結束や連帯を強める作業を行なっていると考えることもできそうです。

このように考えてみるならば、「食べる」という行為とは、たんに生命維持に必要な栄養を取得するという目的を超えて、さまざまに異なる要素を持つ人間たちが、不要な対立を回避しながら、信頼しあって仲良く暮らしていくために編み出した、共生のための工夫であると考えることもできるのではないでしょうか。

二　文化的信号《シグナル》としての食

もう一つ、現在も東南アジアを中心に広く親しまれている「食材」に昆虫があります。世界でも有数の生物多様性に富む東南アジア大陸部では、さまざまな種類の昆虫を食べる習慣が発達してきました。日本でも佃煮や甘露煮になったイナゴやコオロギが売られていることがありますが、東南アジアではカブトムシやコガネムシも食用の対象となっていたり、スズメバチの仲間や、水中に棲むタガメやヤゴも市場に並んでいます。ラオスやタイの繁華街には、すぐに食べることができるように調理された虫売り屋台も存在し、その場で食べるほか、お土産やおかずとして家に持ち帰って食する人も多く見られます（野中健一『虫食む人々の暮らし』）。雲南省から東南アジア大陸部にかけての地域は、世界の昆虫食の一大中心地となっているのです（野中、前掲書／樫永真佐夫「ターイの昆虫食」ベトナム社会文化研究会編『ベトナムの社会と文化』第５・６合併号）。

生態学的には熱帯モンスーンと言われるこの地域には、灌漑水稲耕作を主生業とする低地（盆地）民と、焼き畑耕作を主生業とする高地民という民族的な棲み分け傾向が見られるという特徴がありす。このうち低地民であるタイ系民族の間で、貴重なタンパク質の摂取源として、昆虫食文化が発展してきたのです。栄養学の観点から見ても、昆虫には良質のタンパク質と脂肪が含まれており、鳥獣の肉類と比較しても遜色ないと言われています（樫永、前掲書）。

ところが、現代の日本に生きる私たちの中には、「昆虫を食べる」ことに対して嫌悪感を抱く人も少なくありません。かく言う筆者もラオスで調査を行なった際、国道沿いの食堂の店頭で、サソリやクモなどの昆虫が、乾燥した状態で山盛りに積まれているのを見て仰天したのですが、それらが食用と聞いて思わず顔を背けた記憶があります。しかし、こうした嫌悪感は必ずしも人間の本能的なものではないとされています。チンパンジーをはじめとする現存の大型猿人類や猿類の大部分が、大量の昆虫を捕食していますし、嗅覚よりもむしろ立体視にすぐれた視覚や、手先の器用さ、手足の分化などの霊長類の身体的特徴は、樹木の枝や葉にいる昆虫の捕食への適応の産物とも考えられているからです（ハリス『食と文化の謎』）。ではなぜ人類は、東南アジア大陸部の人々のように昆虫を食べる集団と、現代の日本人のように昆虫を忌避する集団に分化していったのでしょうか。

ここには、食物をめぐる二つの異なる考え方が存在します。食物を自然界の法則で捉えようとする考え方と、文化としての側面を重視する考え方です。前者は、人間も自然界の一部、すなわち動物の一員であり、全体としてみれば功利的規準にのっとった生命活動を行なっているとする立場をとります。そこでは、飼育や屠殺といった労力《コスト》に見合った利益《ベネフィット》、すなわちタンパク質が得られなければその獣肉は食べないとする文化唯物論（カルチュラル・マテリアリズム）が主張されています（山田、前掲書）。この考え方に基づけば、昆虫は一個体が小さく、しかも分散して生息しており、捕獲の際に手間がかかるため、牛や豚などの大型哺乳類や鳥類、魚類と比べて、食物として摂取できる利益が小さいことから、食用としての価値が相対的に低くなっていったということになります。東南アジア大陸部で現在でもよく食べられている昆虫は、比較的体が大きく、一度に大量捕獲が可能なもの、すなわちイナゴやカイコ蛾のサナギが中心となっているのがその証拠というわけです（樫永、前掲書）。

これに対し、食物の文化的側面を強調する後者の視点では、人間の行動は功利性のみで割り切れるほど単純なものではなく、宗教的戒律、象徴的意味づけ、自他集団のアイデンティティなどの文化的要素によって、食物に対する嗜好や習慣が形成されていくと捉えられてきました（山田、前掲書）。食物とは人体に必要な栄養素の集合体であると同時に、それらの発する信号《シグナル》の集合体でもあります。人類は甘味＝糖分、塩味＝ナトリウムや塩素、うま味＝各種アミノ酸といった栄養素の信号を読み取ることで、生存に必要な栄養を安全に摂取できるように食物を取捨選択すると同時に、火熱を用いた「料理」という工程を加えることで、こうした栄養素の信号を自ら操作することができるように進化していきました。料理をすることによって、自然の状態とは異なる第三の味を創り出したり、信号にだけ特化した食材である調味料や香辛料を付加したりしながら、栄養よりも信号そのものを楽しんでいる。この過程で、居住環境から得られる食料資源と、集団の文化的背景によって、食物選択の共通性を持った人々の集まり、すなわち食を共にする共食集団が特徴づけられていき、その結果、味の嗜好や食物選択をめぐる集団的多様性が生じたとする考え方です（石毛、前掲書）。前節で述べた犬肉食に対する立場の相違も、食物の持つ信号を操作することでそれぞれの食物選択プロセスを辿ってきた二つの共食集団が、グローバリゼーションに伴って（たまたま）邂逅した際に生じた文化間のせめぎあいであったと考えるならば、犬肉食を好むベトナムの人々にとっては、かたくなに犬肉食を拒もうとする食習慣の方がむしろ奇異なものに感じられたとしてもまったく不思議ではありません。

三　食人風聞《ふうぶん》はなぜ広まったのか？

——前近代東南アジアにおける「人喰い」の語りと仲介者の役割

　このように食文化の多様性を育んできた人類の間でも、共通の食物タブーとなっていることがあります。それが人肉食を忌避するという考え方です。人肉食、すなわち食人慣行とは英語でカニバリズムと呼ばれます。これは、食人種を指すカニバルに由来しますが、もとはスペイン語で「カリブ人」を指す語であったところ、西インド諸島のカリブ人をめぐる人肉食の噂によって、食人族という意味に転じたとされています（山田、前掲書）。ここでは、東南アジア史を専門とする弘末雅士の『人喰いの社会史』（二〇一四）に沿って、前近代東南アジアにおける食人慣行について考えてみましょう。

　一四九二年にヨーロッパ人として初めて中米のバハマ諸島に到着したコロンブスは、その島の住民を通じて、隣接する地域に居住するカリブ人が「人喰い族」であると聞かされ、イヌの顔を持つ獰猛な人々を想像したという記録を残しました。さらに少し時代をさかのぼれば、一二九二年から翌年にかけて、元のフビライ・ハンの使節団としてペルシアに向かう途中に北スマトラのサマトラ（現在のインドネシア）に寄港したマルコ・ポーロも、「人喰い」とされた北スマトラの住民には尻尾があると記しています。このように、欧米人の間で語り継がれてきた食人慣行は、植民地支配を受け入れる以前の中南米や太平洋の島々、パプア・ニューギニアのほか、アフリカなどを舞台としてきました。とりわけ多くの語りに登場するのが東南アジア、とりわけ古くから海路を通じた東西交易（海のシルクロード）の結節点となってきた東南アジア島嶼部です。

先に述べたマルコ・ポーロの旅行記録がまとめられた『世界の記述（東方見聞録）』によれば、このときポーロ一行は、悪天候のためサマトラ（サムードゥラ）王国に五ヶ月のあいだ逗留を余儀なくされました。しかしこの期間中、ポーロたちが港から内陸部に移動したり、内陸民たちと直接交流したりすることは決してありませんでした。その理由について、次のように記されています。「この島に上陸して二千人の一行とともに五ヶ月間を送ったマルコ氏は、まず野営地の周囲に大きな濠を掘りめぐらし、島の内陸との連絡を遮断した。これは、人間をすらとらえて食用にあてるという野獣に近い土人を警戒しての措置であった」（マルコ・ポーロ『世界の記述』）。また、その次に寄港した同じく北スマトラのダグロイアンについても、その内陸部には人喰いが存在し、機会さえあれば他国人を生捕りにして殺して食べ尽くしてしまうことが述べられています。

ところが一方で、彼らが実際に危険な目に遭遇したという記録は残されていません。実際に喰われてしまったのであれば当然記録を残すことはできないわけですが、あわや喰われそうになって逃げ出したり、そうした状況を実際に目撃した人の体験談があってもよさそうです。しかし、これらの記録とは、そうした直接的なエピソードではなく、あくまで当事者（人喰い族本人やそれに遭遇した人）

不在の中で間接的に語り継がれてきた、いわば「食人風聞（うわさ、風の便り）」だったのです。

　このような食人風聞が、まことしやかに、しかし間接的に語られていたのは、旅行や交易を目的として外部世界からやってきた外来者と、現地人の支配者層が接触するという限定的な場においてでした。上述したマルコ・ポーロも、北スマトラで立ち寄った港の現地人支配者からこうした風聞を聞かされ震えあがる一方で、支配者たちからは厚遇され、身の安全を保障されて長逗留することができました。では、外来者を受け入れた現地人支配者たちは、いったい何のために食人風聞を語り、外来者たちを怖がらせる必要があったのでしょうか。

　この点について考えるためには、欧米諸国による植民地化を経験する以前の東南アジア世界、とくに海域東南アジアの状況について理解する必要があります。世界地図を思い浮かべれば分かるように、中国やインド、ペルシアやアラブ、西欧など、大文明が発達してきた地域に挟まれた東南アジアは、古くから東西海洋交通の要衝として、これらの文明世界を相互に結びつけるという仲介的な役割を担ってきました。マラッカ海峡を利用する航海が確立した五世紀ごろより、東南アジア各地、とりわけ内陸部と交通の可能な主要河川の下流域やマラッカ海峡沿岸部には、活発な交易活動を行なう都市（港市《こうし》）がいくつも形成され、港市支配者を王とする王国（港市国家）が林立していきました（弘末『東南アジアの港市世界』二〇一五）。

　王国の中心地である港市には、ヨーロッパや西アジア、南アジア、東アジアといったさまざまな地域から来航した外来商人たちが溢れ、さまざまな言語が飛び交う活気あふれる空間が作られていたといいます。港市支配者たちは、外来商人たちに広く門戸を開き、港市における彼らの交易活動や安全な滞在に積極的な便宜を図っていました（弘末、二〇一五）。

さて、港市から一歩内陸に入ると、そこには豊かな熱帯気候のもたらす降雨によって形成された森林や、河川盆地が広がる後背地《こうはいち》が形成されていました。後背地に暮らす内陸民たちが栽培したり採集したりする森林生産物や米、香木や香辛料などの作物は、東西交易の中でも価値の高い商品として珍重されました。インドや中国などの周辺諸地域に比べて人口過少であった東南アジアにおいて、港市支配者たちは、さまざまな土地からやってくる外来者を受け入れてコスモポリタン的な都市空間を維持・発展させる一方で、貴重な産品を輩出する内陸民とも上手に付き合い、同じ王国の民としての関係を形成するという、二つの異なる役割を同時に担い、いわば内と外をつなぐ仲介者としての役割を果たしていたのです（弘末、二〇一五）。

交易活動が活発化するにつれ、外来商人の中には、直接後背地に赴いて商品を買い付けたいと考える人々も現われたかもしれません。しかし、それは容易には実現しませんでした。上述したように、港市支配者たちは、内と外、すなわち内陸民と外来者を結び付ける仲介者としてふるまうことによって、自らの地位を確保し、王国の発展基盤を存立させていこうとしていたからです。また、内陸民にとっても、外来商人とは、しばしば病気を持ち込んだり、武力を背景に人々を奴隷として売りさばく危険性を持った存在であり、接触したくない相手でした。このため、港市支配者には、あえて外来者と内陸民とが直接交流できない状況を作り出す必要がありました。そこで用いられたのが、内陸民をめぐる奇譚、すなわち人喰いの噂（食人風聞）だったのです。港市支配者を通じて食人風聞を耳にした外来者たちは、内陸民に対して野蛮で不気味なイメージを醸成し、彼らとの直接的な接触を避けようと考えるようになります。そして、港市支配者の仲介機能にますます依拠するようになっていきました（弘末、二〇一五）。

その後、西欧諸国による植民地化を経験し、東南アジアをめぐる社会秩序が大きく変化すると、港市国家や港市支配者の権力は縮小（あるいは消滅）され、その過程で食人風聞も息をひそめていきました。実のところ、東南アジアには本当に人喰い族が存在していたのでしょうか。今日でも東南アジア各地には、まことしやかにかつての食人譚が語り継がれています。

人類共通の食物タブーである人肉食をめぐっては、十分な記録や史料が残っているわけではなく、さまざまな立場や考え方によって見方が分かれます。たとえばアメリカ人の人類学者アレンズは、食人慣習が存在したとされた中南米や太平洋の島々などの事例を再検証し、生存が危機的状況におかれた場合を除き、どのような社会においても人喰い慣行の存在を証明することは不可能であると述べています（アレンズ『人喰いの神話』）。しかし、人がヒトを食うという奇異でおぞましい慣習が誰によって、何のために語り継がれてきたかという側面に注目してみると、そこには「食べる」という行為を接点として、多様な文化的背景を持つ人々同士がつながりを持とうとする際の一つの工夫のあり方が隠されていることに気が付きます。

私たちが暮らす世界には、今日もなお「奇妙」な食習慣や、それをめぐる語りがさまざまに存在します。こうした習慣や語りに出会った際は、一方的に忌避し、理解不能なものとして拒絶しようとするのではなく、文化的多様性の奥行きの深さを知ると同時に、他者とのより良い関係性を築いていこうとする、人間の試行錯誤のプロセスを読み解いてみてはいかがでしょうか。

（伊藤未帆）

【図書案内】

石毛直道『食の文化を語る』（ドメス出版、二〇〇九年）
弘末雅士『人喰いの社会史―カンニバリズムの語りと異文化共存』（山川出版社、二〇一四年）
――『東南アジアの港市世界―地域社会の形成と世界秩序』（岩波オンデマンドブックス、二〇一五年）
山田仁史『いかもの喰い―犬・土・人の食と信仰』（亜紀書房、二〇一七年）

4 ブラジルの食文化と社会格差

一 ブラジルの歴史と食文化

さまざまな国や地域と同様、ブラジルの食文化はブラジルが歩んできた歴史に深く関連しています。ブラジルの歴史をごく簡潔にみてみましょう。現在のブラジル連邦共和国がある土地に最初に住み始めたのは、北アメリカ大陸から南下して定住した人々でした。一五〇〇年にポルトガル人が到着したころには、数百万人の先住民が暮らしていたといわれています。宗主国となったポルトガルは、染料となる木の輸出や砂糖プランテーション、金の発掘などを進めていくための労働力を確保しようと、アフリカからの奴隷貿易を実施しました。独立後、一八八八年に奴隷制を廃止した後は、ドイツやイタリア、日本などから移民を受け入れました。先住民、黒人奴隷、移民。ブラジルは、さまざまな文化的背景を持つ人々が集まって「ブラジルらしさ」を作り出している国です。アフリカにルーツを持つ人々が多い地域や、アジアからの移民が多い地域など、地域ごとに特色があります。ポルトガル統治時代に総督府が置かれていた北東部は奴隷貿易の拠点となったこともあり、黒人や混血の人々が多くいます。南部はドイツなどヨーロッパからの移民が多い地域です。このような特色は、地域特有の食文化を生み出してきました。さらに、ブラジルは日本の二十数倍の国土を持つ国ですので、北と南では気候が大きく違います。北部には赤道が通り、南部では雪も降ります。当然、収穫できる作物は地域によって異なるため、多様な食文化が生まれました。

理想のシュハスコ（バーベキュー）についての小咄からブラジルの多様性をみてみましょう。そこには各地域のステレオタイプ的な特色が並んでいます。「場所は北東部のビーチ。サンパウロの人が準備し、リオデジャネイロの人が盛り上げる会場で、南部出身者が料理したシュハスコを、ミナスジェライス州の女性と食べる、これが理想のシュハスコだ」。北東部のビーチは美しく観光名所としても知られています。経済の中心地であるサンパウロの人はきっちりしているので企画運営がスムーズですし、文化を誇るリオデジャネイロの人は陽気で盛り上げ上手、肉を焼くのは南部の人が上手で、ミナスジェライス州の女性は美人が多いと言われています。この文章には続きがあります。「最悪なのは南部のビーチで行うシュハスコだ。リオデジャネイロの人が準備しサンパウロの人が盛り上げる会場で、ミナスジェライスの人が料理したシュハスコを北東部の女性と食べること」。リオデジャネイロの人たちのいい加減さや、サンパウロの人の生真面目さをあげつらっているのです。

歴史と環境の多様性は、そのまま食文化の多様性につながります。北部北東部ではデンデ椰子油を使用した料理が多く、沿岸部ではデンデ椰子油とともに魚介類を用いた料理が有名です。ムケッカ（海鮮の煮込み）やアカラジェ（豆をすりつぶしてデンデ椰子油で揚げ、海老や野菜を挟んだもの）などは観光客にも人気のメニューですが、食べ慣れない人にとっては胃にもたれる濃い料理です。南部では草原地帯での牧畜が盛んでしたので、今でも肉料理が好んで食べられています。肉の塊を串に刺して焼き、ナイフでそぎ落として食べるシュハスコは、日本でも人気です。南米のワインといえばチリが有名ですが、ブラジル南部で生産されるワインは近年評価を高めています。

バラエティ豊かな料理に恵まれているブラジルですが、ブラジル全土で愛される「国民食」も存在します。ブラジル人の食事に欠かせないのが「アホス（お米）とフェイジャン（豆の煮込み）」です。豆の煮込みは実に七割強のブラジル人が週に五日以上食べています。豆の煮込みはニンニクと塩で味付けしたお米にかけて食べるもので、この組み合わせはブラジル料理の基本メニューといえます。お米と豆の煮込みは、「欠かせないもの」とか「ありきたりのもの」という意味の慣用句としても使われるほどです。また、「我が家にはごちそうできるものは何もない。今日はお米と豆の煮込みで、明日は豆の煮込みとお米だ」というように、食事の簡素さを表わすときにも使われます。

もう一つ、ブラジルの食卓に欠かせないものがファロッファです。キャッサバをすりおろして炒ったもので、シンプルにそのまま食卓に並べることもあれば、肉や野菜、卵などと混ぜることもあります。固めのフリカケのようなファロッファをお米と豆の煮込みにかけて食べます。キャッサバはブラ

写真１　北東部でのファロッファ作り
大きな鉄板がついたカマドの上で炒る。出来たてはとても香ばしい。

ジルでマンジョッカと呼ばれ、先住民の神話にも登場する伝統的な食材です。キャッサバをファロッファ用に加工する過程は現在では機械化もされていますが、北部北東部では、集落で共同利用する加工場を持ち、それぞれが自家製のファロッファを作っている地域もあります（写真1）。キャッサバの加工場は、集落の人々の社交の場でもあるのです。痩せた土地でも栽培可能なキャッサバは重要な主食にもなり、加工の過程で取り除いた部分（皮や葉）は家畜の飼料としても活用されます。ファロッファは安価で腹持ちがいいので、貧しい地域では、「食べ物が無いときは、飲み物にファロッファを入れたものを食べていた」という人もいます。キャッサバのほかにも、ブラジルの食文化にはさまざまな先住民文化の影響があります。日本でも販売されているガラナという炭酸飲料は、元は先住民が食していた植物が原材料です。そのほか、ブラジル特有の植物や動物の名称の多くは、先住民の言葉に由来しています。

日常的に食べられる豆の煮込みは、塩とニンニクで味付けをしたシンプルなものです。これを豪華にしたのがフェイジョアーダです。豆のほか、豚の耳、舌や尻尾、内臓、ソーセージなどが入ります。「重い料理」であるため、昼食に食べることが多く、レストランなどでは特定の曜日をフェイジョアーダの日としています。ブラジルの国民食であるフェイジョアーダは、使う豆の種類などに違いはあるものの、地域を問わずよく食べられている料理です。よく知られたフェイジョアーダの起源として「奴隷の料理」説があります。耳や内臓などが使われているので、「主人が肉を食べ、捨てた残り部分を奴隷が食べた」というものです。しかしこれを否定する意見もあります。一六世紀にすでにヨーロッパ・ポルトガルに豆と野菜、肉の煮込み料理があったといいます。耳や内臓などの部分も材料として使われていたといわれています（ただし、ポルトガルのフェイジョアーダは豆のトマト煮込で、豆の種類も違うため、味は全く違います）。現在のようなファロッファや野菜が添えられたフェイジョアーダは、一九世紀にエリートたちの通うレストランが提供を始めたものです。そして一九二〇年代、ブラジルらしさやブラジルの国民性の追求が盛んになりナショナリズムが高まった時代に、ブラジルの独自の歴史に由来する食べ物として「黒人奴隷の食文化が今に継承されている」というストーリーがエリートたちによって作られ、ブラジルの典型的な食べ物として紹介されたといわれています。フェイジョアーダと、先住民が食していたキャッサバを使ったファロッファ、この二つが「ブラジルらしさの創造」に用いられたというのです。ファロッファをかけたフェイジョアーダはブラジルの歴史を語る食べ物だといえます。

一方で、新たな食文化の流れもあります。ブラジルではもともと生の物を食べる習慣は一般的では

写真２　TEMAKI
サンパウロの市場では、日本食が人気。Karê（カレー），Sashimi，Sushi，Temaki（手巻き寿司）などは、ブラジルでも通じる料理名だ。

ありませんでした。魚はもちろん、鶏卵を生で食べることもありませんでした。しかし、近年では、各国料理を扱うレストランで、生食も広まりつつあります。アラブ料理のキビは、穀物に挽肉やハーブを混ぜて揚げたものが一般的ですが、生の牛肉を使った生キビも人気です。ペルー料理のセビッチェ（生の魚介と野菜のマリネ）やカルパッチョのほか、和食の寿司や刺身もヘルシーな料理として人気があります。中でも、手巻き寿司は手軽に食べられる和食として近年注目され、テマケリアと呼ばれる手巻寿司専門店まであります（写真2）。テマケリアのメニューには、クリームチーズやアーモンド、マンゴー、オリーブオイルなども食材として並んでいます。日本人の想像する手巻寿司からはかけ離れたものもあり、すでにブラジル独自の食文化だといえそうです。このような生食文化は広がりつつあるものの、あくまでもその中心は都市部です。一般の家庭ではまだ生のものを食べる習慣はありませんが、都市を発信源とした新たな食文化が広まりつつあるといえるでしょう。

二　社会格差と食文化

国民食としての豆の煮込みやファロッファ、そして地域ごとの豊かな食材。ブラジルの食文化を知るには、そして食文化を通じてブラジルを知るには、国民食と地域の特色を知るだけで十分なのでしょうか。この問いはもちろん、ブラジル以外にも当てはまります。その国の伝統食と地域のバリエーションに触れれば、その国の食文化を語ったことになるのでしょうか。もう一つ、食文化を考える上で欠かせない要素はその社会内部での経済格差です。いわば、あまり表にでない食文化のバリエーションです。経済格差が各家庭の食文化に影響を及ぼすのはブラジルだけの話ではありません。日本には和食が、タイにはタイ料理があったとしても、その国の人々が同じようにそれらを食べているわけではないからです。国や地域ごとの違いと同様に、もしくはそれ以上に、社会格差は人々の食文化に影響を及ぼしています。歴史的にみれば、スペインの植民地であったフィリピンでは、スペイン料理は上層エリート家庭の食生活に影響を及ぼした一方で、一般家庭では中国商人を通じて中国料理の方が強く影響しました。このような社会階層ごとの食文化だけでなく、個々の家庭でも世帯の経済状況が悪化すれば日々の食生活を変更せざるを得ません。「何を食べるか」だけでなく、「誰と食べるか」も変化します。日本では所得の低い家庭のほうが、一人で夕飯を食べる子ども（孤食）の割合が高くなります。食事内容も、手作りではなく購入した惣菜やインスタント食品であることが多くなります。経済状況は家庭の食生活に直結するのです。ここからは、ブラジルを例に、食の面から格差について考えてみましょう。

ブラジルは移民の国ではありますが、普段の生活のなかで「○○系ブラジル人」などの表現が使われることはあまりありません。人種差別がないとはいえませんが、「他国よりも差別意識は薄い」というのがブラジル人たちの自己評価です。ルーツや人種によるカテゴライズが一般的でない一方で、経済的差異を用いたカテゴライズがあります。ブラジルは決して貧しい国ではありませんが、格差が著しく、多くの低所得者がいます。富裕層は低所得者層を、低所得者層は富裕層を「彼ら」と呼び、「我われ」から明確に区別しています。もちろん、居住空間も分離しています。互いに分かり合うのは難しいというほど、生活スタイルが異なっているのです。消費社会において、収入が異なれば食文化も異なるのは自然なことです。食材をどのように調達するかという入手経路（購入、支給、自給、交換など）も違えば、何をどれくらい食べるかも違います。好まれる食材や調理法にも違いがあるかもしれません。

ブラジルの食事は一般的に、脂質や塩分、糖分の摂りすぎが指摘されています。ブラジル人の約二五％が炭酸飲料を週五日以上飲んでいます。結果、ブラジル人の半数以上が肥満傾向にあり、五歳から九歳の子どものうち三人に一人が肥満です。糖尿病などの罹患率も問題となっている一方で、現在、食への健康志向はブラジルで広がりつつあるといわれています。しかし、詳しく見ていくと世帯の経済的な状況によって、食生活に多様性があることが読み取れます。ブラジルには、最も裕福な層をA、最も貧しい層をEとする、AからEまでの社会階層の分類指標があります。食生活を健康的なものにしようという意識はA層からC層までに浸透しつつあるものの、食料品の価格が障壁となり、その下の層ではまだ推奨される食生活を送れていません。学歴が低い人（就学八年未満）の方が、学歴が高い人（就学一二年以上）よりも肥満率が一〇％以上も高いですし、野菜の摂取率は都市部で高く、経済的に貧しい北部北東部では低くなっています。富裕層は高価な有機野菜を日常的に購入する一方で、低所得者層は安価で腹持ちのいい揚げ物を多く消費しているのです。

所得の低い人たちのほうが、高い人たちより肥満傾向にあるというのは、ブラジルに限ったことではありません。「お金のない人のほうが太っている？」と意外に思うかもしれませんが、たとえば三〇〇円でどのような食事が買えるかを考えてみると分かりやすいでしょう。牛丼なら並一杯、カップ麺なら二個、購入可能です。しかし三〇〇円で主菜と副菜が揃った定食を提供しているお店はなかなかありません。炭水化物と脂質に偏った食事は低価格であり、高タンパク低カロリーで品数の多い食事は高価格です。健康的として推奨される食生活は低所得では困難ということです。低所得の家庭では食費を切り詰めざるをえません。食糧を入手するとき、まず価格と量を重視して選ぶことになります。日本でも年収が低い人ほど肥満や生活習慣病に陥りやすいことが指摘されています。一方で、社会的経済的に裕福な層は食生活の向上に意欲的です。教育水準が高く、健康を維持するのに必要な食生活に関する知識もあります。さらに、それを実行するための経済力もあるのです。その社会の豊かな食文化を享受できるかどうかは、所得次第だといえます。

私がブラジルの貧困地区の路上市場で長期調査を行なっていたとき、ある男性が市場で倒れました。背の高い体格のいい男性でしたが、しばらく元気がなかったので周囲の人々が心配していたところでした。彼は、ベジタリアンの食生活を実践していたのだと説明しました。肉や魚を食べるのを止め、「何が入っているかよく分からない」安価なジャンクフードも断っていたのです。しかし、十分な量の新鮮な野菜や、高価なベジタリアン用の食品を購入する経済的余裕はありませんでした。結果、栄養が足りずに倒れてしまったのです。周囲の人は心配しつつも「お金持ちみたいなことをしているから」と彼をからかいました。

ブラジルは果物の種類は豊富で日常的に消費されていますが、野菜は日本ほど種類が多くありませんし、物流網の関係で生の野菜は割高です。手軽に空腹を満たせるもの（その多くは揚げ物です）よりも、生野菜のサラダは高価です。特に北部北東部では野菜を食べる習慣があまりありません。北東部に調査で滞在したブラジル人研究者は、そこでは食べられる物がほとんどなく苦労し、ホテルなどで頼んでいたといいます。ブラジルで菜食主義を貫くのはお金のかかることでもあるのです。そのため、ベジタリアンになることをファッションの一環として選ぶ人もいます。ベジタリアンであることはお金持ちの証ともなりますので、ある種のステータスとなりうるのです。低所得者層が低い所得によって享受できる食文化が限定されている一方で、富裕層はその経済力によって食を自由に選択できるのです。

三　まとめ

ここまでブラジルの歴史と食文化、社会格差が人々の食生活に与える影響をみてきました。伝えたいのは二点です。一つめは、私たちは社会の文化的規則に従って食べているということです。その土地にある何を食材として扱い、どのような価値を持たせるのか、決めているのは私たち社会の成員だという点です。肉や野菜そのものに価値が備わっているわけではなく、肉と野菜のどちらにより高い価値があるかを判断するのはその社会の人々自身です。ふくよかな体形であることが経済的豊かさを表わす社会もあれば、引き締まった身体こそがお金持ちの余裕を表わす社会もあります。

そして二つめは、社会の中ですべての人が同じ食文化を持っているわけではないという点です。ブラジルならブラジル、日本なら日本で、その社会内部に、地域や社会格差を要因とした食文化のバリエーションがあるのです。一つの社会の食文化を知ったあとは、そのような文化を享受できるのはどのような人々かを知り、その社会の「当たり前の食文化」から外れる人々にも目を向けると、社会をさらに深く知ることができるでしょう。食文化とその多様性は、社会について雄弁に語ってくれるのです。

（奥田若菜）

5 アメリカ黒人のソウル・フード

一 はじめに

ソウル・フード（soul food）という言葉があります。アメリカ合衆国（以下、アメリカ）では、アフリカ系アメリカ人の伝統的料理の総称として使われます。代表的な食材は、豚肉、鶏肉（チキン、七面鳥など）、なまず、長米、そして野菜（さつまいも、かぶ、キャベツ、コラード、ブラック・アイ・ピーズ、オクラ、ナス、かぼちゃ、じゃがいもなど）などで、さまざまに創意工夫されます。具体的料理法はソウル・フードの料理本にあたれば事足ります。

しかし、多くの場合、ソウル・フードの料理本は、次の問いにはなかなか満足のいく説明を与えてくれません。すなわち、アフリカ系アメリカ人の伝統的料理はなぜ「ソウル（魂）」なのか。彼ら彼女らにとって「ソウルを込める」とはどういう意味を持つのか。別の形の問いにしてみましょう。アフリカ系アメリカ人の伝統的料理が「ソウル」と呼ばれるに足る理由はどこにあるのか。この理由を知るには、少し立ち入った歴史的考察が必要になります。以下では、まず、かつてアメリカ南部で行われていた奴隷制度と食との関係を見ることで、「ソウルを込める」ことの意味を探ります。次に、ソウル・フードという語がいつ頃登場し、その社会的背景は何であったのかを整理します。なお、ここからは人種関係の歴史について書きますので、「白人／黒人」という用語を使用します。

二 「ソウル」を込める

南部奴隷制度

アメリカ南部の奴隷制度は、綿花栽培を中心に拡大し、南北戦争の結果、一八六五年に廃止されるまで続きます。白人プランター（奴隷を所有する農園主）は、労働力を黒人奴隷に頼ります。黒人奴隷人口は、一八六〇年までに四百万人に達しました。南部の奴隷制度については、『アンクル・トムの小屋』『ルーツ』『一二イヤーズ・ア・スレイブ』など、小説や自叙伝や映画などもあり、知っている方も多いでしょう。重要なポイントは、白人プランターがどのように奴隷を管理したかです。

州ごとに多少の違いはありましたが、南部諸州は「奴隷法」を定めます。奴隷法は、奴隷を人間ではなく所有者の財産と規定しました。したがって、奴隷には財産所有の権利や契約を結ぶ権利、訴訟を起こす権利、法的に結婚する権利など、人間としての権利は一切ありません。奴隷はまた、読み書きを習うこと、許可証を持たず居住区外に出ること、白人の臨席なしに五人以上の奴隷が集会すること、アフリカの歌やダンスや呪術的行為を行うことなども禁止されました。これに対し、奴隷の中には、自由を求め逃亡を企てる者もいました。しかし、失敗すれば、鞭打ちにあう、指を切断される、烙印を押される、別のプランテーションに売られるなどの処罰が待っています。

アメリカ黒人の「ソウル・フード」

このように、奴隷法からだけでも、奴隷制は黒人に対する徹底した非人間化と家族破壊の試みであったと想像することができます。そのため、黒人奴隷にとっての中心的問いは、いかにして生き残り、かつ自分たちの「人間性」を肯定し「コミュニティ意識」を保つことができるかでした。それを可能にしたものの一つが、実に「食」だったのです。どういうことでしょう。

奴隷制下における「食」と「自由」と「ソウル」との関係

奴隷の食には三つの供給源がありました。第一は、白人主人からの配給です。配給された食材は、コーン、豚肉、サツマイモ、野菜類、果物類でした。第二は、奴隷自身が菜園を所有することを許可される場合がありました。そこでは、奴隷自身が小動物を飼育し、野菜類を栽培しました。第三は、採集、狩猟、魚釣りなどです。ただし、第二と第三は、すべての奴隷に当てはまったわけではありません。では、奴隷制下における食が、自由そして「ソウル」とどのように関係していたか考えます。

これらの関係を考えるうえで、シドニー・W・ミンツという人類学者が『アフリカン・アメリカン文化の誕生』の中で極めて示唆に富む指摘をしています。すなわち、「支配者側は奴隷制を維持しながら、一方では奴隷の人間性を認めてしまった」と言うのです。

かれら〔奴隷〕はそこで入手できる物だけを材料にして、自発的に新しい「食」を創造したんだよ。開けた心と創意がなければできないことだ。

奴隷法によれば、黒人奴隷は人間ではなく白人主人の所有物、財産でした。ところが、人間にしかできない行為があります。料理をするという行為が、まさにそれです。

「食」を創造したとき、奴隷は人間としての、人間にしかない技術を使った。〔中略〕味わう、比較する、好みを生かすなどの、人間的な能力（生産、処理、調理）を発揮していた。

（傍点—原文はイタリック）

黒人奴隷は、日の出から日没まで野良仕事をしている間、白人主人や白人監督から、およそ人間性と呼べるものの一切を否定されていました。その中で、奴隷が自分たちは人間であると肯定できる瞬間、それが料理するという行為に他なりませんでした。この文脈を踏まえるとき、たとえ食材は限られていたとしても、黒人奴隷が「食の創造」にどれほど情熱を込めようとしたか、喜びを込めようとしたか、人間としての誇りを込めようとしたかを理解することができるのではないでしょうか。所有物、財産と規定される状況下にあって、黒人奴隷がなおも自分たちの「人間性」を肯定することができた理由は、実に「食の創造」という行為のうちにあったのです。ミンツは続けます。

魂から湧きでた材料を、奴隷は食材に加え調理した。「食」は魂のこもった想像力を注ぎこむ容器だった。もし、料理に使われた素材が汗水ながす苦しい労働から得られたものでなかったら、ソウル・フードは生まれなかっただろう。それだけではない。ソウル・フードには誇りと、歓喜と、食べ物を大切に思う心、まじりけのない愛が含まれている。

そして、黒人奴隷は、白人主人の都合によって家族や仲間がいつでも解体離散させられる危険性に直面していました。この点を踏まえると、黒人奴隷にとって創意工夫して作った料理を家族や仲間と一緒に食べるという行為がどれほど重視されていたのかも、想像できると思います。食は黒人奴隷にとって「コミュニティ意識」を保つための欠くべからざる手段だったのです。
さらに、興味深いことに、黒人奴隷が作った料理は、白人主人たちの味覚にも影響を与えます。黒人奴隷のなかには家内奴隷と呼ばれる奴隷がおり、白人主人とその家族のために料理を準備していたからです。黒人の食と白人の食は、部分的に重なっていたのでした。ミンツはこう言います。

奴隷は食に対する好みを持っていた。そればかりか、かれらの好みは支配者の好みにも影響を与えるようになる。奴隷制の社会で、プランター階層がいつしか喜んで口にするようになった「食」は、奴隷から教えてもらったものだよ。

このように見てくると、アフリカ系アメリカ人の伝統的料理、すなわち奴隷制時代に黒人奴隷が食した料理は、ソウル・フードと呼ばれるに足る理由があるといえるのではないでしょうか。ソウル・フードは、元来は軽量カップや時計などを使わず、五感すべてを働かせ、愛情、心、魂を込めて作る料理とされます。また、「家庭の味」や「一家団欒」を想起させる料理とされます。奴隷制と食との関係を見てきた今、そのように説明される理由が深い意味を帯びて理解できるのではないでしょうか。

三　「ソウル・フード」という語の社会的背景

アフリカ系アメリカ人の伝統的料理に「ソウル・フード」という語が当てられるようになったのは一九六〇年代後半です。どのような社会的背景があったのでしょう。

歴史的にみて、黒人にとって「ソウル」が重要な位置を占めてきたことは想像に難くありません。奴隷制とそれに続く法的・実質的人種差別という過酷な環境下を生き抜き、自由を達成するためには、霊的・精神的な力＝「ソウル（魂）」が必要でした。黒人にとってソウルは、つねに社会的被抑圧状態からの解放、自由と関連づけられてきたといえます。とりわけ一九六〇年代は、さまざまな分野においてソウルが問題となりました。音楽の分野においてソウル・ミュージックと呼ばれるジャンルが登場するのもこの時期です。そして、何よりもソウルが問題となったのは、一九五〇、六〇年代の南部を中心とする公民権運動と、それに続くブラック・パワー運動という社会変革運動においてでした。

南部公民権運動（一九五〇年代後半～六〇年代前半）と「ソウル」

南部を中心とする公民権運動は、一九五五年のアラバマ州モンゴメリーでのバスボイコット運動に始まり、一九六四年の公民権法と六五年の投票権法の成立をもって第一幕を閉じたとされます。この運動の目標は、南部の法的人種隔離制度を撤廃し、人種統合を達成することでした。法廷闘争だけでなく、座り込み、自由のための乗車運動、デモ行進など様々な非暴力直接行動に訴えることで、公民権運動は南部の法的人種隔離制度を崩壊させることに成功しました。

公民権運動とソウルとの関係を考える最適な材料は、一九五七年に創設された公民権団体「南部キリスト教指導者会議」（SCLC）です。キング牧師を議長とするこの団体のモットーは、「アメリカの魂を贖う」（To redeem the soul of America）でした。このモットーが象徴するように、公民権運動の文脈におけるソウルには、二つの意味が込められていました。①黒人自身の解放・自由達成の力としてのソウル。②不正な制度を撤廃する過程で、誤った人種優越主義に病む白人の魂とアメリカ社会全体を救済する力としてのソウルです。黒人と白人との和解を目指したという意味で、公民権運動におけるソウルは「包括的（inclusive）」であったといえるでしょう。

ブラック・パワー運動（一九六〇年代後半）と「ソウル」

公民権運動は南部の法的人種隔離制度を崩壊させるという画期的成果をおさめますが、問題は山積していました。一連の公民権法の立法化をもって、白人世論は黒人の自由の問題に対する関心を失っていきます。その一方で、白人至上主義勢力による暴力は続きました。実際の人種統合は遅々とし、たとえば、六四年の段階でも、南部全体の公教育で人種統合を認められた黒人児童・生徒の割合は二パーセント強にすぎませんでした。そして、何よりも、北部や太平洋岸の都市部では、黒人貧困地区（＝ゲットー）の実質的人種差別と貧困問題が放置されたままでした。取り残された黒人貧困層の絶望や怒りは頂点に達し、六四年から毎年夏になると都市部で黒人暴動が発生するようになりました。こうした社会状況が、次第に黒人民族主義的（＝分離主義的）な思想を擡頭させ、最も顕著には六六年夏以降、「ブラック・パワー」と呼ばれる運動となって現われることになります。

「ブラック・パワー」の活動家たちの中心的主張は、人種統合が単に白人的な価値観への「同化」を意味するなら、黒人の従属的地位は変わらないというものでした。そこで、ブラック・パワー運動では、次の諸点が追及されます。すなわち、「ブラックネス」（＝黒人性）を肯定し、黒人の歴史と文化を再評価すること。黒人相互の助け合いを呼びかけること。黒人の集団としての政治的・経済的パワーを獲得すること。そのための方法として運動から白人を排除すること。そして、黒人の自衛を肯定すること。

ここから、ブラック・パワー運動におけるソウルの中に、二つの意味を読み取ることができます。①黒人自身の解放・自由達成の力としてのソウル。②黒人と白人のソウルは違う。公民権運動と比較すると、「②」の部分が異なっています。ブラック・パワー運動におけるソウルは、白人との差異を強調する点で、「排他的（exclusive）」であったといえます。

したがって、「ソウル・フード」という語は、ブラック・パワー運動におけるソウルの「②」と関係していたといえます。この語は、アフリカ系アメリカ人の伝統的料理を、南部白人の伝統的料理から区別し再評価したい、あるいは南部全体の伝統的料理から区別し再評価したいという意識から生まれたのです。そしてこの意識は、黒人と白人との差異を強調するブラック・パワー運動の延長線上に生まれたものでした。

ソウル・フードという語が当てられたことで、アフリカ系アメリカ人の伝統的料理には、六〇年代後半以降、新たな意味が付与されました。ソウル・フードは「ブラックネス」、つまり黒人のアイデンティティと関連づけられるようになったのです。ソウル・フードを食べることは、黒人が集団として奴隷制という共通の歴史を持つ集団であることを記憶し想起する行為となり、同時に黒人奴隷の食と、彼ら彼女らが食に対して傾けた姿勢を再評価し称える意味を含むようになったのです。

四　おわりに

「ソウル」(soul) という語、また「ソウル」がつく言葉をしばしば耳にします。感覚的に分かるような気もしますが、この「ソウル」なる語が具体的に何を意味しているのかを説明するとなると、案外難しいものです。ここでは、アフリカ系アメリカ人の伝統的料理における「ソウル」の意味を探ってみました。以上のような背景を知った上でソウル・フードを食べる機会があれば、ひと味もふた味も違って味わうことができるのではないでしょうか。

（黒﨑　真）

【図書案内】

黒﨑真『アメリカ黒人とキリスト教―葛藤の歴史とスピリチュアリティの諸相』（神田外語大学出版局、二〇一五年）

シドニー・W・ミンツ、藤本和子編訳『［聞書］アフリカン・アメリカン文化の誕生―カリブ海域黒人の生きるための闘い』（岩波書店、二〇〇〇年）

6 スペインの豚食

「食べる者は食べない者を軽んじてはならず、食べない者は食べる者をさばいてはならない」
（『新約聖書』「ローマ人への手紙」14章3節）

一　スペイン人とは誰か

イベリア半島では、ローマ時代以前のフェニキア時代から豚の飼育が始まっていて、豚食の歴史はきわめて古く、今でもスペインでは豚を原料とした生ハムを好んで食べます。しかし、イベリア半島で起きたいかなる国も経験したことのないような八百年におよぶイスラム教徒とキリスト教徒の戦い「レコンキスタ」（七一一〜一四九二）が、長年続いてきたこの豚食の意味合いを大きく変えることになりました。ここではレコンキスタを中心にスペイン人の豚食の歴史を考えますが、その前に、豚食だけでなく、〈スペイン人〉の定義をも変えたレコンキスタについて見ておくことにします。

レコンキスタ以前にはイベリア半島にはイベリア人、ケルト人、ローマ人、ゲルマン人が住んでいました。その後、レコンキスタでイスラム教徒と戦い勝利し新たなイベリア半島の住人となったのはキリスト教王国の住人たるキリスト教徒（カスティーリャ人、アラゴン人、ナバラ人、レオン人、ガリシア人、ポルトガル人、カタルーニャ人）でした。しかし、彼らは一三世紀初頭まで、外国人（南フランス人）からスペイン人（espanhols, españols）と呼ばれるまでは、自らのことをキリスト教徒としか認識していませんでした。彼らは敵たるイスラム教徒に対抗するキリスト教徒としてレコンキスタを戦ったのであって、〈スペイン人〉として戦ったのではありません。したがって真の意味で〈スペイン人〉（español）という呼び名で、自らを称するようになったのは一三世紀の初頭であるというのが定説です。具体的には、一二三〇年頃の作であるゴンサーロ・デ・ベルセオ『聖ミリャンの生涯』の中にある padrón de españoles［《スペイン人の守護聖人》、聖ヤコブのこと］という表現が español という言葉が使われた最初のケースでした。

二　スペイン人の食生活

近年、スペインに旅行する日本人が際立って増加しているのは、バルセローナのサグラダ・ファミリア教会とか、グラナダのアルハンブラ宮殿など、数多くの世界遺産があることを別にしても、スペイン人の生活様式が東洋的で、エキゾチズムに富んでいて、日本人として共感する部分が多いからかもしれません。とりわけ食生活においてスペイン人は日本人と同様、米や魚（とくにタラ、イカやタコ、エビ、ムール貝などのシーフード、いわゆるマリスコス）をたくさん食すことが知られています。また他のヨーロッパ人がその怪奇な形状から〈悪魔の使い〉として忌避しているタコを好んで食べることもよく知られています。古代からスペインに多く居住してきたユダヤ人は、イカやタコなど「ひれと鱗のない」海産物は、律法（『旧約聖書』「レビ記」第11章、「申命記」第14章）によって決して食べることはありませんでした（イスラム教徒がイカ・タコ・エビ・カニを食べることには、ハラル上の問題はありません）。

スペインは魚の種類も豊富で、日本の干物に相当する干タラなどもよく食卓に上ります（ビスカヤ風のタラの煮込みや、ピルピルが有名）。タラ（バカラーオ）の天ぷらやイカフライ（カラマーレス・フリートス）などは、特にスペイン人の好物で、バゲットに熱々のイカフライを挟んで食べるボカディーリョが、スペインの昼食の風景でよく見られるファストフードの定番です。米はアラビア人がもたらしたものであり、農耕と灌漑に秀でた技術をもっていた彼らイスラム教徒が支配していた土地であったバレンシア地方で、かのパエーリャが生まれたのも故なしとはしません。そしてスペイン人が何にもまして重視するのがオリーブオイル（アセイテ・デ・オリーバ）です。これもイスラム教徒がもたらしたものであり、かつて多くのイスラム教徒がいたラ・マンチャ地方を空からみてみれば、どこまでもオリーブ畑が延々と、しかも整然と続いている様は壮観です。きちんと手入れをされた様をみるだけで、スペイン人がこよなくオリーブを大切にしていることが窺えます。世界的にその質の高さが評価されていて、日本にも多くスペイン産のエクストラ・バージン・オイルが輸入されて、手に入れやすくなっています。米とオリーブオイルとくれば、その代表的料理は日本でお馴染みの《パエーリャ》です。したがってパエーリャはイスラム教徒がスペインという土壌で生み出したユニークな料理と言えるでしょう（元来、パエーリャにはシーフードの代わりに、ウサギ肉やカタツムリが使われました）。また我が国でも広く普及してきたアヒーリョ（ニンニクソース）も、ニンニクとエビをオリーブオイルで煮込んだもので、どちらかというとイスラム的な料理です。

パエーリャ
スペインでは祝祭日には、外で大鍋を使ってパエーリャを作って、観光客にふるまうことが多い。

観光客が最も愛好するのがパエーリャであるとすると、土地のスペイン人がこよなく愛するのはワインとチーズと生ハムです。とくにリオハ産の赤ワイン（近年ではリベラ・デル・ドゥエロ産の高級ワイン）やラ・マンチャ産のチーズ（ケソ・マンチェーゴ）、ハブーゴ産の生ハム（ハモン・イベリコ・ベリョータ）があれば、それ以上の御馳走はないと言われるほどです。因みに、スペインの若者が就職し、両親を喜ばそうとその初任給で最初に買うものの筆頭が、高級なハブーゴ産の（十万円以上する）イベリコ・ハム一本だと言われていますが、それもさもありなんと思われます。

ところでチーズはさておき、ワインや生ハムはともにイスラム教徒が決して口にしない食べ物です（アルコールと豚は禁忌）。スペイン人がそれを愛してやまないというのは、昔からイベリア半島で食されてきたからという意味の他に、彼らキリスト教徒が長年イスラム教徒と対峙し、国土回復戦争を戦い、最終的に彼らに勝利して国外追放に処したことも大いにかかわっています。キリスト教徒的なワイン（イエスの血と見なされた）や生ハムと、イスラム教的な食であるパエーリャという、相反する取り合わせこそ、スペイン人の食生活の歴史的遺産と言ってもいいでしょう。

三　ハムの文化史

スペインが世界に誇る特産品といえばハモン・イベリコ・ベリョータです。その代表的特産地は

ハモン・セラーノ
スペインの飲食店ではどこでも自慢のハモンが天井からぶら下げられていて、入ってくるお客の目をひく。

ウェルバ州のハブーゴであり、ドングリ（ベリョータ）を餌に野で放牧された黒豚から、三年以上の熟成を経て生まれる生ハムは、その質の高さから高価な絶品とされていて、めったにスペイン人でも口にしえないご馳走です。スペイン人で生ハムが嫌いな人はいないはずです。日本人にとってのマグロのような存在かもしれません。生ハムがスペイン一の特産品となったのにはわけがあります。それは豚そのものが、血まで含めてすべてを余すところなく食すことができるほど、保存のきく、美味にして重宝な食材であるだけでなく、脂身にオイレン酸が多く含まれていて、栄養価が高い（ビタミンB1、亜鉛、鉄分、カリウムを多量に含む）ということもあるかもしれません。スペインの田舎では、十一月になると家族や隣人の手を借りて、豚一頭を解体するマタンサという習慣が守られていて、あらゆる部位を活用して保存食にする伝統があるほどです。

こうしたことのみならず、豚そのものに宗教的・文化的な深い意味があることも関係しています。

つまりハムは、大げさに言えば、スペイン人たるアイデンティティに関わっているのです。キリスト教徒はイスラム教徒やユダヤ人が決して口にしない豚製品（チョリソやハム、ベーコンとくに豚脂）を好んで食すことで、自らを他の信徒たちから意識的に区別してきました。したがって、豚食が《真正な》古くからのキリスト教徒（旧キリスト教徒）であることの証明となったのです。昔からスペインで堂々と生きていくためには、旧キリスト教徒（農民が代表的なのは、農民がユダヤ的知性から最も遠く隔たっていたからです）であることが必須の条件でした。豚を食しない者は、ユダヤ人かイスラム教徒か、あるいはレコンキスタの過程で、やむなく新たにキリスト教に改宗して〈新キリスト教徒〉になった者たち、つまりユダヤ人改宗者（コンベルソ、マラーノ）か、もしくはイスラム教改宗者（モリスコ）であることが疑われました。彼らの多くが《偽の》キリスト教徒とみなされて、異端審問の対象となって迫害されたのです。言い換えると、スペイン人キリスト教徒が愛好してやまない生ハムは、彼らが迫害した異教徒たち（およびその改宗者たち）の偽の仮面をはがし、篩《ふるい》にかけて選別・差別するための《踏絵》として機能したのです。したがって豚食は一三世紀に生まれたスペイン人が、レコンキスタの勝利によってキリスト教徒の宗教的・文化的・社会的優位を確立させようとして、他の血統に属する同じスペイン人を差別し、排除するための格好の手段となったわけです。彼らが豚食にしがみつくのは、スペイン人がスペイン人たらんとする自己証明の手段であったからだと言っても過言ではありません。つまり豚を食すという行為が、単に好きか嫌いかの好みの問題でもなければ、食習慣の問題でもなくなり、スペイン人全体を分断するような、新たな宗教的な意味合いを帯び始めたのです。〈豚を決して口にしない〉というユダヤ的、イスラム的あり方が徹底的に否定され、逆にこれ見よがしに、豚を進んで食べるという行為が、社会で安心立命を得て、ひとかどの人間としての評価を得る手段と化したのです。国に居留まるための条件として改宗してキリスト教徒となったものの、自らの祖先にユダヤ人やモーロ人がいた人々は、その信仰の正しさを疑われて異端審問所に告発され、火刑場に送られることを避けるべく、泣く泣く豚を食べることで、真のキリスト教徒の振りをせざるをえなくなってしまいました。これが一元的にカトリックによって国家統一がなされた、一六世紀以降の近代スペインが内部に抱えた、目に見えぬ差別構造でした。

四　『ドン・キホーテ』と豚食

こうした社会のありようを最もよく示すのが、当時の文学作品です。たとえばセルバンテスの『ドン・キホーテ』（前篇一六〇五年、後篇一六一五年）には、豚に関するいくつものエピソードがあります。たとえば第一章で主人公が狂気を発症する以前に日常的に摂っていた食べ物の説明があるのですが、そこでは「土曜日には塩豚の卵和《あ》え」を食べていたとあります。土曜日はユダヤ教徒の安息日（シャバット）で、宗教的に最も重要な日として聖別されていて、この日は日常茶飯のあらゆる雑事

（労働、料理、買い物、筆記、着替え、旅行）から離れ、何も活動せず心を信仰に向け、静かに家族と過ごさねばなりません。その日にあえて「塩豚の卵和え」（原語では〈悲嘆と苦悩〉duelos y quebrantos）という名のキリスト教料理を食べたとあるのです。これは「ラ・マンチャの名前を思い出したくない」とある村に生まれた（ドン・キホーテとなる以前の）郷士アロンソ・キハーダ（キハーノ、ケサーダ、ケハーナ）なる人物（わざと名前が曖昧にされている）が、ユダヤ人改宗者の血筋をひいた新キリスト教徒であったことを暗示しています。この料理は別名〈神の慈愛〉とも称されていて、新キリスト教徒がこれを口にすることがどれほど辛かったかが、その名称からも推察されます。

セルバンテスが新キリスト教徒であったことの可能性は、彼の実生活を振り返ってみたとき、なおいっそうよく理解できます。セルバンテスの妻カタリーナ・デ・サラサール・ボスメディアーノは、エスキビアス（トレード）の裕福なコンベルソ（ユダヤ人改宗者）の家系でした（当時、ユダヤ系の人々は同族結婚が普通でしたので、セルバンテスもまたコンベルソであったことを示しています）。さらにその妻の親戚に同じコンベルソの「キハーダ」家の一郷士がいたという事実があり、セルバンテスはその人物をドン・キホーテのモデルとしたと考えられるのです。セルバンテス自身がアルカラ・デ・エナーレス生まれの外科医の息子で、晩年には貧窮生活を余儀なくされ、食料調達人とか徴税吏といった下級役人として、糊口《ここう》をしのいだことからしても、セルバンテス自身が社会的に疎外されたコンベルソの血を引く新キリスト教徒であった可能性が強く示唆されています。因みに、血抜きを主たる仕事とした外科医（床屋を兼業）や徴税吏というのは、従来からユダヤ人以外にはその職に就くことのなかったものでした。

また『ドン・キホーテ』（後篇、54章）に登場するモリスコ（改宗イスラム教徒）のリコーテという人物は、モリスコ追放令（一六〇九〜一六一四）によっていったん国を追われて、「信仰の自由のある」ドイツに赴きますが、新たに巡礼服をまとったドイツ人（キリスト教徒）に変身して、再びスペインに舞い戻ってきます。それはスペイン懐かしの気持ちに動かされたことが原因でした。イスラム教徒であったとしても、スペイン化して〈スペイン人〉としての自覚を強く持っていたことの証です。彼が仲間たちと昼食で広げた食べものは、「くるみ、チーズ、きれいな骨付きハム」で、「大きなぶどう酒の袋」から酒といっしょに、それらをむさぼり食ったとあります。ここでもイスラム教徒であれば、決して口にしないハムやぶどう酒を好んで食していることを、あたかも古くからの真正なキリスト教徒であるかのように、大げさに誇張しています。

リコーテとサンチョとは同じ村の仲の良い隣人同士で、久々の再会を喜び合うのですが、そこには新キリスト教徒たるモリスコと旧キリスト教徒の血筋の違いなど、人間的次元ではどうでもいいことだという視点が象徴的に描かれています。サンチョはドン・キホーテの（従士になれば島の領主にしてやるという）甘い言葉につられて、家来になるわけですが、彼は主人と対等な口をきいて、議論をふっかけます。それは彼の血筋が百姓ゆえに高貴なものだったからです。「ユダヤ人を心から憎む」

サンチョはかつて豚飼いをしていて、腹に「二、三寸の脂身」をもっている昔からのカトリック教徒であることだけで「伯爵になるのに十分な資格がある」と主人に自慢するのですが、主人はサンチョを「よしんばそうでなくとも、いささかの差支えもない」（前篇、21章）といなしています。

また『ドン・キホーテ』という作品は一つのフィクションで、原作者はアラビア人史家シーデ・ハメーテ・ベネンヘリがアラビア語で書いた「ドン・キホーテの伝記」という体裁をとっています。そしてわれわれ読者は、アラビア語で書かれた伝記を、モリスコの翻訳者がアラビア語からスペイン語に翻訳し、それをセルバンテスが転記したものを読んでいるということになっております（前篇、9章）。このモリスコの翻訳者がセルバンテスの前で、大笑いして言う台詞がまた、豚に関連することなのです。原作者シーデ・ハメーテが注として記した「この作品にしばしば引用されているトボーソのドゥルシネーアという女は、豚を塩することにかけては、全ラ・マンチャのいかなる女よりも腕達者である」という部分です。作品の舞台となったラ・マンチャ地方は、グラナダのアルプハーラスの反乱（一五六八）によって弾圧されたモリスコが強制移住させられ、彼らの多くが暮らしていた場所でした。そこにドン・キホーテもサンチョもリコーテも暮らしていたわけで、ドン・キホーテが愛の忠誠を捧げるべきアルドンサ・ロレンソ（ドゥルシネーア姫）もまた、モリスコのなかの一人でした。美しきやんごとなき姫君が、豚に塩する、つまり生ハムを作る百姓の技に秀でていたという言い方をしているわけです。これはモーロ女たるアルドンサの素性がどうあれ、いかにカトリック的な人間であるかを誇張した、皮肉っぽくも笑いを誘う表現であって、当時の人々であればすぐにもそこに作者の底意地の悪さを感じ取ったはずです。まさにこれは、モリスコ・リコーテと同工異曲なやりかたで、「豚になじんだかつてのイスラム教徒」という、いかにもありそうもない文学的な虚構を作りだすことで、豚を食べられるかどうかで人々を差別する、公式的でカトリック的なスペインのあり方を批判した、セルバンテスならではのアイロニーだったのです。

しかし、今日のスペイン人はといえば、こうしたセルバンテスのアイロニーを知ってか知らずか、美味しいものは美味しいと、理屈抜きに生ハムを堪能しています。

【図書案内】

アメリコ・カストロ、本田誠二訳『スペイン人とは誰か―その起源と実像』（水声社、二〇一二年）
アメリコ・カストロ、本田誠二訳『セルバンテスとスペイン生粋主義』（法政大学出版局、二〇〇六年）
クロディーヌ・ファーブル＝ヴァサス、宇京頼三訳『豚の文化史』（柏書房、二〇〇〇年）

（本田誠二）

7 一神教の「食」——食物禁忌と犠牲

一　はじめに

一神教（ユダヤ教、キリスト教、イスラーム）には、「食」に関する多くの儀礼や戒律があります。中でもよく知られているのが食物禁忌規定です。ユダヤ教には旧約聖書の「レビ記」を主要な根拠とするカシュルート（コシェル）と呼ばれる食物規定があります。それによると、「反芻《はんすう》しないもしくはひづめが完全に分かれていない獣の肉（ラクダ、イノシシ、野ウサギ、豚など）、四本足で地上を這い回るもの（モグラ、トカゲ、ネズミなど）、四足歩行動物のうち足の裏のふくらみで歩くもの（ネコ、キツネ、狼など）、鳥類のうちハゲワシ、トビ、ハヤブサ類、カラス類、ダチョウ、かもめ、タカ類、フクロウ、鵜、ハゲタカ、コウノトリ、サギ類等々に含まれるもの、羽があり四つ足で歩くすべての這うもの（昆虫類、爬虫類、両生類）、海や川の住民のうちヒレ、ウロコのないもの（タコ、イカ、エビ、貝類、イルカ、鯨など）、血液、死（んだ動物の）肉、肉とその動物の乳の双方を原材料とするもの（チーズバーガーなど）」が禁忌の対象と見なされます。同様に、イスラームでも聖典クルアーンに基づき、「死肉、血、豚肉、神以外に献げられたもの、絞め殺されたり撃ち殺された動物、墜落死や角でつき殺された動物、他の猛獣の食べたもの」（『クルアーン』5章4節）が食べてはならないものと規定されています。さらには、アルコールの摂取も禁じられています。

これらの食物規定はなぜ存在し、現代でも信仰上の戒律として重視されるのでしょう。その理由としてよく耳にするのは、「豚は不浄な動物であるから食べてはいけない」とか「アルコールには酩酊作用があり人に害を及ぼすので禁じられている」といった、ある種の合理性に訴えかける説明です。しかし、このような説明は信者間では一定の理解と支持をえるものではあっても、一神教徒でない大半の日本人にとっていまひとつ腑に落ちません。また、規定の直接的根拠が旧約聖書やクルアーンといった「古典的」テクストであるため、これらは食物に対する中世的理解（または誤解）に起因した的外れのルールであると思われがちです。好きなものを好きなだけ食べることは当然の権利であり、人間の幸福につながるという価値観の下では、それを制限する食物禁忌規定は窮屈で可哀想な時代錯誤の宗教戒律とうつるのです。

しかし、世界の様々な文化、伝統において、「食」は現在の私たちが想像する以上に深淵で多様な意味と役割を持っています。ユダヤ教やイスラームにおける食物禁忌規定もその一例です。一神教はもともと古代メソポタミア地域の遊牧民の信仰に根ざしているため、その世界観も当初の牧畜文化、肉食文化の大きな影響を受けています。その意味で、「食肉」に関する規定が信仰規定として存在することも自然なことと言えますが、それは単なる彼らの食の嗜好性を表わすものでも中世的無理解の産物でもありません。それどころか、「食」は、神と人間の関係や人間の生き方を表わす根源的主題として信仰の重要な部分に位置付けられているのです。ここでは、主に旧約聖書の物語を通じ、その具体例を概観します。

二　食物禁忌

旧約聖書の「創世記」によると、神に創造された最初の生き物は水の中のものと空飛ぶ鳥であり、次に地上の生き物が創造され、最後に人間が創られます。これらの生き物は、彼らに先だって創造されていた植物を「食物」としています。その世界は神が「極めて良い」とする世界でした（「創世記」1章31節）。さて、この極めて良い原初的世界で最初の事件が起きます。それは、食物に関する事件でした。神が「良い」とした世界（エデンの園）は、人間が住みやすいよう「見るからに好ましく、食べるに良いものをもたらすあらゆる木を地に生えいでさせ」（「創世記」2章9節）川が園を潤している理想郷でした。人間はその管理者としてその地を耕し暮らしていましたが、事件は神が人間に下した次のような「禁止」命令に端を発するものでした。

「園のすべての木から取って食べなさい。ただし、善悪の知識の木からは、決して食べてはならない。（食べると必ず死んでしまう。）」
（「創世記」2章16〜17節）

神は食物に一定の制限を課すことを通じ、世界に初めてものごとの（一神教的）善悪、つまり、して良いこととしてはいけないことの線引きを行なったのです。それに対する人間側の応答が、有名な禁断の果実を食べてしまうという失楽園の物語です。

この物語からも窺えるように、一神教において「食」は、食欲を満たすためや生命維持のための行為以上の重要な意味を持っています。禁断の果実は、神の意志で糧から除外された食物です。食べてみれば他の植物と同じく（直接的に死ぬことなく）食べられたにもかかわらず、神はそれを食べることを禁じています。神が問題にするのは、食性（食べられるか否か）ではなく、人間が神の命令に従うか否かという点につきます。禁断の果実を「食べる」行為は神の意に背く初めての行為であり、信仰上「悪」や「罪」と規定される人間行為の象徴とされているのです。

神に許された糧以外口にしてはならないという食物禁忌規定は、この禁断の果実の延長線上にあるものです。この世界観では、「食」は人間が生きるための食事行動であるという単純な理解ではなく、人間が神の意志に従順であるか否かを判断する指標と考えられているのです。ユダヤ教では禁忌物を「汚れ」と表現することがよくありますが、これは対象物が食物に適さない不潔なものという意味ではありません。禁止物を食べることは神の命令に背く「罪」であり、神罰の対象となるという意味で汚れているのです。同様に、「清い」食物とは、神が許可しそれを食べることが神への従順を示すことにつながっているが故に清いのです。イスラーム世界での「ハラール」、「ハラーム」という概念も同様で、文字通り「許可されたもの」、「禁止されたもの」を意味しており、ユダヤ教と共通の一神教の根源的世界観を端的に表わしたものです。

三　犠牲

一神教の原初的な食物儀礼の一つに、犠牲獣を神の祭壇に捧げる燔祭《はんさい》（焼き尽くす供犠）があります。ユダヤ教の三大祭の一つの過越《すぎこ》しの祭り（ペサハ）や、キリスト教の聖餐式、イスラームの犠牲祭（イード・アル＝アドハー）は、その伝統を汲んだものです。これらの祭儀は牧畜、肉食文化を背景としたもので、他者の命の犠牲によって自らが生きるという一神教共通の世界観を象徴するもので、日本人にはやや理解しにくいものでしょう。

先述のように、原初的一神教世界における食物は植物でした。「創世記」では、人間も含めた地上の生き物は「肉」と「霊」からなる命ある生き物と表現されています。禁断の果実を食べるという罪を犯した人間は、罰としてエデンの園から追放されますが、それまで人間は他の生き物と同様、他者の命を奪うことなく植物だけを糧に生きていたのです。しかし、失楽園後、糧をめぐるこの環境が一変します。

神はアダムに向かって言われた。「お前は女の声に従い取って食べるなと命じた木から食べた。お前のゆえに、土は呪われるものとなった。お前は、生涯食べ物を得ようと苦しむ。お前に対して土は茨とあざみを生えいでさせる。野の草を食べようとするお前に。お前は顔に汗を流してパンを得る。土に返る時まで。」

（「創世記」3章17〜19節）

何不自由なく暮らしていた人間は、糧を得るため「顔に汗を流して」労働し、寿命尽きて土に返ること（死）を運命づけられたのです。さて、旧約聖書では糧を得るための労働は、主に土を耕す農耕と家畜を放牧して育てる牧畜の二つに集約されますが、失楽園以降の人間にとって最も重要な生業として描かれたのは牧畜でした。この時点で人間（あるいは動物）は、もはや植物だけでは生きることができず、他者の命を犠牲に生きることが前提となります。燔祭は、他者の「肉」が禁断の果実ではなく、許された食物となることを確認する儀礼として始められます。ノアの箱舟の物語の中にそのことを示す逸話がみられます。

神はノアと彼の息子たちを祝福して言われた。「産めよ、増えよ、地に満ちよ。地のすべての獣と空のすべての鳥は、地を這うすべてのものと海のすべての魚と共に、あなたたちの前に恐れおののき、あなたたちの手にゆだねられる。動いている命あるものは、すべてあなたたちの食糧とするがよい。わたしはこれらすべてのものを、青草と同じようにあなたたちに与える。」

（「創世記」9章1～3節）

箱舟を下りたノアが最初に行なったのが、「清い」家畜と鳥を二つにさいて祭壇に捧げ焼き尽くす燔祭儀礼でした。燔祭儀礼は、第一に、肉食のために他者の命を犠牲にすることが神に許された行為であることを確認する作業であり、現在でもこの精神は、屠殺や食肉加工処理の現場における神の唱名《しょうみょう》（イスラームのバスマラ）や食卓の祈りといった形で一神教世界に根付いています。

第二に、燔祭は他者の命の犠牲の上に成立する自らの生の重大さや深刻さを人間に認識させる機能を持つものでもあります。アブラハムの「イサク燔祭」の物語がその点を明確に表わしています。

神は命じられた。「あなたの息子、あなたの愛する独り子イサクを連れて、モリヤの地に行きなさい。わたしが命じる山の一つに登り、彼を焼き尽くす献げ物としてささげなさい。」次の朝早く、アブラハムはろばに鞍を置き、献げ物に用いる薪を割り、二人の若者と息子イサクを連れ、神の命じられた所に向かって行った。……アブラハムは、焼き尽くす献げ物に用いる薪を取って、息子イサクに背負わせ、自分は火と刃物を手に持った。二人は一緒に歩いて行った。イサクは父アブラハムに、「わたしのお父さん」と呼びかけた。彼が、「ここにいる。わたしの子よ。」と答えると、イサクは言った。「火と薪はここにありますが、焼き尽くす献げ物にする小羊はどこにいるのですか。」アブラハムは答えた。「わたしの子よ、焼き尽くす献げ物の子羊はきっと神が備えてくださる。」二人は一緒に歩いて行った。神が命じられた場所へ着くと、アブラハムはそこに祭壇を築き、薪を並べ、息子イサクを縛って祭壇の薪の上に載せた。そしてアブラハムは、手を伸ばして刃物を取り、息子を屠《ほふ》ろうとした。そのとき、天から主の御使いが、「アブラハム、アブラハム」と呼びかけた。彼が「はい」と答えると、御使いは言った。「その子に手を下すな。何もしてはならない。あなたが神を畏れる者であることが、今、分かったからだ。あなたは、自分の独り子である息子すら、わたしにささげることを惜しまなかった。」アブラハムは目を凝らして見回した。すると、後ろの木の茂みに一匹の雄羊が角をとられていた。アブラハムは行ってその雄羊を捕まえ、息子の代わりに焼き尽くす献げ物としてささげた。

（「創世記」22章2～13節）

一神教では、自らのために犠牲にする他者の命は、我が子の命と同じものとみなすことが要求されています。牧畜、肉食文化圏では、家畜は食糧であると同時に財産でもあり家族でもあります。そのような家畜を解体し食べることに対し、神は自らの一部を殺すほどの辛さ（犠牲）を要求するのです。一神教における犠牲とは、人間が生きるために神が強いた試練と同義であり、その辛さを甘受することが神の意志に適った生き方であり、「祝福と褒賞」の対象とみなされます。禁断の果実の物語が「食」を通じて人間の悪と罪を知らしめる物語であるなら、アブラハムの物語は「食」を通じて人間の善と褒賞を知らしめる物語と言えます。イスラーム世界では、この「信仰篤い」アブラハムの物語にちなみ、毎年メッカ大巡礼を締めくくる大祭として、犠牲獣を屠り神に感謝を捧げ世界中の信者とともにその肉を共食する犠牲祭が行われています。

このアブラハムに見られる「信仰者の証」としての燔祭機能をさらに発展させたのが、ユダヤ教の過越しの祭りにみられる「除災」の機能です。これは旧約聖書の「出エジプト記」に記されたエジプトにおける十番目の災いの物語に遡ります。

エジプトの国で、主はモーセとアロンに言われた。「この月をあなたたちの正月とし、年の初めの月としなさい。イスラエルの共同体全体に次のように告げなさい。『今月の十日、人はそれぞれ父の家ごとに、すなわち家族ごとに小羊を一匹用意しなければならない。……その小羊は、傷のない一歳の雄でなければならない。……それは、この月の十四日まで取り分けておき、イスラエルの共同体の会衆が皆で夕暮れにそれを屠り、その血を取って、子羊を食べる家の入り口の二本の柱と鴨居に塗る。そしてその夜、肉を火で焼いて食べる。また、酵母を入れないパンを苦菜を添えて食べる。……これが主の過越である。その夜、わたしはエジプトの国を巡り、人であれ家畜であれエジプトの国の全ての初子を撃つ。また、エジプトのすべての神々に裁きを行う。わたしは主である。あなたたちのいる家に塗った血は、あなたたちのしるしとなる。血を見たならば、わたしはあなたたちを過ぎ越す。わたしがエジプトを撃つとき、滅ぼす者の災いはあなたたちに及ばない。この日は、あなたたちにとって記念すべき日となる。あなたたちは、この日を主の祭りとして祝い代々にわたって守るべき不変の定めとして祝わねばならない。

（「出エジプト記」12章1～14節）

先述のアブラハムの物語を知っていれば、小羊が自らの一部として大きな犠牲を象徴するものであり、その血を家の扉に塗ることが信仰者の証とみなされる展開も理解できます。また、神の災いが神に反抗する者たちへの罰であることに気づけば、犠牲の子羊の血が災いを「過ぎ越す」、つまり「除災」効果を持つことにも合点がいきます。

キリスト教の聖餐式の儀礼にも「他者の命の犠牲の上に成り立つ自らの生」という一神教的世界観が窺えます。レオナルド・ダ・ヴィンチの絵画でよく知られる「最後の晩餐」の席でイエスは自らパンを裂き、弟子たちに与えながら「取って食べなさい。これは私の体である。」と言い、葡萄酒の杯をとり弟子たちに渡しながら「皆、この杯から飲みなさい。これは、罪が赦されるように、多くの人のために流されるわたしの血、契約の血である。」(「マタイによる福音書」26章26~28節)と言ったとされています。イエスは最後の晩餐の席で、他者を生かすための犠牲獣の役割を自ら引き受けました。自らの「肉」であるパンと「血(命)」である葡萄酒を人々に分け与える「食」の儀礼を通じて、彼らを新たに「生かそう」としたのです。キリスト教の聖餐式はこの儀礼を再現するものに他なりません。

(吉田京子)

【図書案内】

奥田和子『なぜ食べるのか』(日本キリスト教団出版局、二〇〇二年)
八木久美子『慈悲深き神の食卓』(東京外国語大学出版会、二〇一五年)
佐藤洋一郎『食の人類史』(中公新書、二〇一六年)

[II]

日本の〈食〉

8 日本の肉食史

一 「和食」——日本人の伝統的な食文化

私たちが日常的に何気なく口にしている和食に、いま世界中の注目が集まっています。大きなきっかけとなったのは、二〇一三年、ユネスコ無形文化遺産保護条約「人類の無形文化遺産の代表的な一覧表」に和食が登録されたことです。いまでも、多くの方の記憶に新しいと思います。

そもそも、和食のどこが評価され、世界の耳目を集めることになったのでしょうか。それは「新鮮で多様な食材とその持ち味の尊重」「栄養バランスに優れた健康的な食生活」「自然の美しさや季節の移ろいを表現した盛り付け」「正月行事などの年中行事との密接な関わり」といった理由からです。なるほどと思うことばかりですが、日頃は意識せずに食している方が多いと思います。今や和食は、世界共通の代表的な食文化であり、外国人観光客のお目当ての一つとなっています。

ところで、和食の特徴としてもう一つ挙げるとなると、肉料理が少ないことが指摘されています。

つまり、日本食は穀類と魚が中心ということです。しかし、歴史を振り返りますと、日本人がまったく肉を食べてこなかったわけではありません。ここでは、日本人の食の歴史に「肉食から見た特異性」という観点から迫ってみたいと思います。

二 天武の殺生禁止令（六七五年）――肉食忌避の始まり

日本人の肉食の記録は、時代をさかのぼるにつれ、極端に数が少なくなりますが、大きな転機として記録されているのが、『日本書紀』に記載された「天武の殺生禁止令」です。六七二年、壬申の乱で大友皇子（弘文天皇）を滅ぼし、その翌年に即位した天武天皇によって発令された古代の重要な法令の一つです。

この法令では、ウシ、ウマ、イヌ、サル、ニワトリといった、人間の身近な動物の肉食を禁じています。逆に言えば、その段階でこうした動物が盛んに食されていた証左と言えます。ただし、禁止期間を四月一日から九月三〇日までの半年間に限っており、それ以外の期間および名前を挙げた以外の動物、例えばシカやイノシシなどの肉食については、禁止していません。

次に、この「天武の殺生禁止令」が発令された背景について、考えてみましょう。最初に指摘したいのは、国家思想としての仏教の普及が大きな影響を与えていることです。仏教は殺生を戒めており、その教義に基づいて、動物の殺生、つまり肉食が禁止されたのです。

しかし、それだけではありません。そこには、国家としてのきわめて実利的な政策という側面も窺われます。肉食が禁じられたのは、四月から九月の半年間だけですが、この期間は農繁期にあたっています。一方で、十月から三月までの農閑期については、一切の制限は設けられていません。ここから分かることは、農業生産への集中に配慮しているという事実です。古代日本においては、食料生産がなかなか向上せず、慢性的な食糧危機が続いていました。そこで、狩猟などに勤しむことを禁じ、農業生産に没頭させることを企図したのでしょう。

なお、中世になると、宗教とは関係のない次元で、肉食を「穢《けが》れ」とする観念が普及し始めました。生き物を殺生して食すること自体を嫌悪する価値体系が確立していったのです。こうして、肉食は日本人に忌避される存在となりましたが、これが和食発展の大きな契機となりました。

三　肉食の禁忌の本質

なぜ日本人は肉食を忌避するのか、その本質や背景に、もう少し迫ってみましょう。そもそも、日本の国土は極めて狭隘であり、しかも、平野が少なく山地が多いため、家畜を飼育するには不向きな自然環境にあります。しかも、家畜の飼料を生産するだけの余裕がまったくありません。家畜に与えるよりは、直接人間が穀物を摂取した方がよほど効率的であると言えるでしょう。つまり、日本のような厳しい自然環境の下では、食糧資源を最も有効に利用するため、栽培植物を家畜の餌に回すことなく、人が直接摂取することの方がベターな選択なのです。

こうした事実から、結果として、肉を食べない方が効率がよいという合理的判断が生まれました。そして、その判断は知らず知らずのうちに、肉は食べてはいけないというタブーに置き換えられていったと考えられています。古代から近世にいたるまで、その時々の政権が肉食を禁じ、表向きそれが千年を超えて維持されてきたのは、仏教的罪悪感や穢れといった価値体系と、日本の生態環境で肉食生産を行うことの非効率性とが合致した結果です。日本人が肉食を忌避する態度は、我が国の固有の文化と言えるのです。

ところで、肉食のみならず、生きものの生老病死にかかわること、そのものをタブー視する思想は、動物の屠殺・解体処理や加工を蔑視する風潮を生み出しました。そして、これに従事する人々が被差別民化していく原因となり、近世、つまり江戸時代の特殊身分につながりました。江戸幕府のもとで厳格な身分制度が確立しましたが、殺生を業とする人たちが「穢多《えた》」と呼称され、最下層の被差別民となりました。

さて、米を社会的な価値基準とした近世日本は、古代国家から始まる肉食忌避が、もっとも完成に近づいた時代と言えます。そのため、肉を食べると目が見えなくなる、鼻や口が曲がるなどといった俗言が、社会の隅々まで拡散した時代でもありました。しかし、肉食が根絶したわけではありません。近世においても肉食は継続されており、特に幕末には開国の動きに伴って急速に緩み、多くの人々が肉食を開始しました。

四　日本の犬食

ここではトピックとして、日本においても犬食が一般的に行われていたことを紹介します。ちょっと信じ難い話かもしれませんが、犬は古代から食されており、近代においても、戦中・戦後の食糧難の時代には、犬を食べたという証言・報道は多数存在しています。犬食は、最近まで日本全国で一般的に行われていた食文化の一つでした。

おもしろい古記録を紹介しましょう。戦国時代に来日した宣教師ルイス・フロイスは、「日本人は野犬や鶴・大猿・猫・生の海藻などをよろこぶ」「我々は犬を食べないで、牛を食べる。彼らは牛を食べず、家庭薬として見事に犬を食べる」（『日欧文化比較』）と証言しています。ここから、日本人はツル・サル・ネコ、そして野良犬を喜んで食べており、特に犬は薬用としていることが窺えます。外国人だからこそ、記録できた日常的な日本人の食生活です。

ところで、食用犬を飼育した記録はどこを探しても見つかりません。つまり、犬は「狩り」の対象であったということです。特に、都市における肉食を考える場合、犬食は非常に重要です。人の残飯を漁る野良犬は、いわば都市型の野生動物とも呼べるものでした。野良犬ですから、しかも現代とは違って相当数いたわけですので、飼育する必要などなかったのです。

飼育には多大なコストはつきものですが、野良犬にはもちろんかからず、しかも、その他の動物と違って捕獲も容易でした。中世や近世の都市部で見られる盛んな犬食は、栄養不足を補う日常的な狩猟の一形態と言えるでしょう。野良犬を狩りして食していたなんて、今からでは想像ができない風景です。

五　江戸後期の獣肉食ブーム

江戸時代の後半、文化・文政期（一八〇四〜三〇）には、江戸の町人文化が最盛期を迎え、庶民に娯楽を楽しむ余裕が生まれました。その背景の下、食文化のタブーも無視されるようになり、食を謳歌する傾向が生まれました。そして、あっという間に江戸市中で肉食、それも獣肉食が流行し始め、庶民のグルメ熱はヒートアップしました。このブームは江戸から京都や大坂にも飛び火しています。

さて、食された獣肉はどのようなものだったのでしょう。当時の記録として、喜田川守貞が著した『守貞謾稿《もりさだまんこう》』という書物が存在します。この『守貞謾稿』に、当時の食文化が大きく取り上げられています。文化・文政期には野獣類を扱う店が増え、イノシシ・シカ・キツネ・ウサギ・タヌキ・オオカミ・クマ・サルといった多様な獣肉がラインナップされていたと記されています。そして、その食べ方の主流は「葱ヲ加ヘ鍋烹」、つまり、ねぎとともに鍋に入れて煮て食べていたことが分かります。

天保期（一八三一〜四五）には、肉鍋が大流行しました。これは、それまでの大鍋と違って、おのおの一人ずつに用意された火鉢の上に小鍋をのせ、獣肉（イノシシ・シカ・キツネ・ウサギ・カワウソ・オオカミ・クマ・カモシカ等）とねぎを入れて煮た鍋のことです。酒を飲む人は肴として鍋の具をつまみ、飲めない人はごはんのおかずとしました。

ちなみに、獣肉の需要が日増しに伸びたため、その値段も高騰しました。『江戸繁昌記』（寺門静軒が天保期に著した江戸市中の風俗書）によると、天保期後半には、店が増えるにつれ、肉鍋の値段も高騰し、小五〇文（約九五〇円）、中一〇〇文（約一九〇〇円）、大二〇〇文（三八〇〇円）となっています。その値段は、当時も高級品であったウナギのかば焼きの上二〇〇文（三八〇〇円）に匹敵しています。

こうして、江戸後半から大ブームを迎えた獣肉食ですが、人気があまりに高まったものですから、需要に供給が追い付かず、値段は急騰しました。しかし、値段は高くても肉鍋の美味しさは人々を魅了し、その人気は衰えませんでした。肉を忌避する概念は、幕末期には雲散霧消したと言えるかもしれません。

六　江戸のブタ（豕）食

江戸時代は幕末の手前まで、肉食禁忌が強い時代であり、食用家畜であるブタの存在をイメージしにくいかもしれません。しかし、既に江戸初期には、江戸市中にもブタはいました。もちろん、飼育されていたのですが、驚くことに、その主たる目的は大名屋敷などで出る塵芥処理、つまり、生ごみを食べさせるために、また、猟犬の餌として飼育されていました。時には、蘭方医が解剖実験にブタを利用することもありました。

もちろん、ブタを全く食べなかったわけではなく、一部で食用にもされていましたが、レアケースでした。しかし、幕末に近づいたころ、ブタ肉を扱う店が公然と市中に登場し始めました。ブタもその他の獣肉食と同様に、庶民のグルメの対象となったのです。

また、信州の松代藩の洋学者であり、勝海舟や坂本龍馬、吉田松陰の師である佐久間象山は、「近年以来天下一統、肉食流行いたし」（『象山全集』）と、近々日本中で肉食が流行するであろうと、世相をとらえました。そして、江戸で入手した種ブタをもとに、弘化三年（一八四六）には故郷の松代で養豚業を計画し、一部実行に移すなど注目すべき行動をとっています。武士階級にまで、肉食ブームは影響を与えたのです。

日本は通商条約の締結によって開国しましたが、横浜などの開港前後には「嘉永前、豕ヲ売ルコト公ニ無之、嘉永以来、公ニ売之、其招牌（店の看板）タル行燈ニ墨書シテ、曰琉球鍋」「横浜開港前ヨリ、所々豕ヲ畜ヒ、開港後弥々多ク（中略）開港後ハ、鳥鍋、豕鍋トシ、招牌ヲ出シ、鍋焼ニ煮テ売ル店モ出タリ」（『守貞謾稿』）と、一気に公然とブタ肉を煮るなべを扱う店が出現し、急増している様子が窺われます。

米国初代駐日総領事ハリス一行が、安政四年（一八五七）十月に江戸飯田町の蕃書調所に宿泊した際に、「飯田町辺の豕鶏料理」（『幕末外国関係文書』）で、ブタ肉の饗応が計画されました。また、最後の将軍・徳川慶喜は大の豚肉好きで、「豚一殿」（豚が好きな一橋の殿様、慶喜は一橋家出身）と揶揄されるほどでした。当時の薩摩藩では、統治していた琉球文化の影響もあって、ブタ肉がよく食べられていたため、慶喜は薩摩藩の家老小松帯刀に対して、たびたび豚肉の献上を要求しています。このように、身分に関係なく、ブタ肉は食されるようになっていました。

七　牛鍋と文明開化

日本の肉食文化は幕末期に事実上、解禁されましたが、明治時代はまさに「文明開化」とともに、食の開化時代を迎えました。そして、その代表食が牛鍋（今のすき焼き）です。すき焼きは、古くから抑圧されてきた肉食が、一気に解放された時代の代表的な牛肉料理と言えます。

明治新政府は、積極的に肉食を奨励しました。理由は様々ですが、一番大きな理由として、西洋人の体格と比較し日本人の身体が貧相に見えるのは、肉を食べていないからだという政治的な判断が働いています。富国強兵のためにも、日本人は身体的に「目指せ、欧米！」となったのです。

文化人や博識者がこぞって肉食を推奨し、牛肉を食べない人は時代遅れとまで言われる世相が到来しました。そうした時代の雰囲気の後押しも手伝って、東京には次々と牛鍋屋が登場し、とうとう露店の牛鍋まで出現するようになりました。庶民は先を争って、この新時代を象徴する牛鍋に殺到したのです。

ここで一つのエピソードを紹介しましょう。牛鍋好きは庶民に限ったことではなく、宮中にも牛鍋好きな方が存在しました。明治天皇です。明治四年の冬、宮中の宿直部屋で侍従たちがこっそり牛鍋をつついていたところ、その匂いが廊下を伝わって天皇の知るところになりました。天皇はそれまで記憶にない良い匂いだったので、宿直部屋までそっとお出ましになり、「それは何か」とお尋ねになりました。侍従たちは大変に恐縮しましたが、仕方なく「牛肉にございます」と答えたところ、「うまいか」「いかにも美味にございます」「ひとつ食わしてみよ」となり、美味しく召しあがりました。それ以来、明治天皇は牛鍋の愛好者になられたということです。

この話が元になり、明治天皇が好んで肉食をされたことが世間に広く喧伝されました。このことは、国民の肉食促進の大きな動機の一つになったと言われています。天皇が牛鍋の流行に一役買っていたとは、面白いエピソードですね。

さて、当時のすき焼きは、牛肉やねぎなどを味噌や醤油仕立てで煮たもので、しらたきが入るようになったのが明治の中期ころ、その後、しいたけや麩が加わるようになりました。もともと、牛肉を食べていなかった日本人にとって、牛肉は脂肪が多く消化の良くない食材と考えられ、補助食品として消化を助け、脂っこさを中和する野菜やこんにゃくが添えられるようになったわけです。

牛鍋を楽しむザンギリ頭の客
(仮名垣魯文『安愚楽鍋』)

ここで、市中の肉食をめぐる江戸時代から明治時代の大きな流れの状況をおさらいしてみます。肉食は、鍋煮という共通の料理法が維持されながら、「江戸後期の野獣肉食」から「開港前後のブタ肉食」になり、さらに「文明開化期の牛肉食」と重層しながら段階的に推移していることが分かります。

ブタ肉食は開港以前、すでに行なわれつつあり、文明開化に象徴される近代家畜肉食の風習は、欧米食文化からの一方的な影響ではなく、日本人はむしろ、主体的に受容したと言えるのではないでしょうか。牛鍋は決して西洋料理ではなく、旧来の牡丹《ぼたん》（イノシシ）鍋や紅葉《もみじ》（シカ）鍋、そしてブタ鍋の応用にすぎないのです。

こうした歴史的な変遷を経て、肉食は日本人に浸透し、今では当たり前の食材の一つになりました。しかし、和食においては、肉食が一般的になる前の日本の伝統食が活かされており、昨今の健康食ブームもあいまって、その人気はグローバルになっています。私たちは、和食の歴史を知り、もっと和食に誇りを持ち、その伝統を守っていくことが肝要と思います。

（町田明広）

【図書案内】

西本豊弘編『人と動物の日本史1』（吉川弘文館、二〇〇八年）
永山久夫『食べもの文化史』（優しい食卓、二〇一一年）
原田信男『日本の食はどう変わってきたか』（角川学芸出版、二〇一三年）

9 手作り弁当の意味

一 はじめに

私たちは、家庭であるいは学校や地域で、身近な人たちに囲まれて「食べる」という経験を積み重ねていきます。その中でも「お弁当」は伝統的な食文化を支え、日々の食生活の一部を担っています。学校や職場でお弁当を広げるのは、お昼のお馴染みの光景でしょう。近年では、通学・通園する子どものために手の込んだ見栄えの良い「キャラ弁（キャラクター弁当）」が登場するなど、お弁当のアート作品としての一面も注目されています。

お弁当という作品の一つひとつには、作った人と作ってもらった人のそれぞれにまつわる物語があります。手作り弁当を語る時には、家族の絆や愛情について語られることが多いのですが、お弁当で表現される「絆」のありようは時代とともに変化しています。ここでは、職場や学校であたり前のように食べるお弁当の「作り手」にスポットライトを当てて、お弁当に込められたメッセージとそこから見えてくる作り手の心情を想像してみます。

二　日本の食文化としてのお弁当

日本のお弁当の起源には諸説ありますが、『国史大辞典』によると「わが国の携行食は古くは乾飯《かれいい》で、のちには平安時代の屯食《とんじき》が握り飯となって用いられた」とあります。お米を干したものを仕事に持って行ったことが始まりで、携帯食として重宝されていたようです。お弁当が言葉として現われるのは一六世紀末頃（安土桃山時代）からと言われています。江戸時代には、庶民が働きに出るときに竹皮や竹製の弁当箱を腰から下げた「腰弁当」、大名の行楽用の漆器塗りの重箱（「遊山弁当」）など、お弁当は階層にかかわらず日常的な習慣であったと考えられます。江戸時代後期に、歌舞伎や能などの芸能を観覧する幕間《まくあい》に食べられるようになったのが「幕内弁当」でした。

明治時代になると、弁当文化は役所に勤める下級官吏の「腰弁」へと受け継がれ、さらに鉄道の普及に伴って「駅弁」が誕生しました。昭和の初めには軍国主義下の世相を反映し、日本の国旗を象徴した「日の丸弁当」が登場しました。そして、一九七〇年代の高度経済成長期を経てお弁当は多様化し、一九八〇年代頃からは、スーパーやデパートの惣菜や、コンビニ弁当などの調理済みの料理を買って家で食べる「中食」（外食と内食［手づくりの家庭料理を家で食べること］の間にある食事）

として発展してきました。お弁当は、日本人の気質や美意識を映し出しながら受け継がれ、長い時間をかけて現在のような様々な形に進化してきました。

家庭の食卓の上に並べられるご飯やおかずをコンパクトに詰めた日本独特のお弁当の認知度は、現在、世界的に高まっています。海外でも彩りや栄養バランスのよさが注目され、英語の辞書にも'BENTO'と表記され掲載されるようになりました。インターネット上にも、「キャラ弁」をはじめ、さまざまな日本的なお弁当の作り方が投稿されています。日本人にとっては、家庭の味が凝縮されている日常的なお弁当も、海外では特別な食事として認識されているようです。日本のお弁当は、小さな入れ物に食材を詰めて持ち運べるようにしたという意味では「携帯用の食事」ですが、単なる「携帯食」以上の意味があることは、本や雑誌やインターネット上で語られる、さまざまな人たちのお弁当にまつわるエピソードからもよく分かります。

三　お弁当の思い出

佐藤剛史の『すごい弁当力！』という本に、「一昨日の夕食は思い出せなくても、弁当の思い出は、鮮やかによみがえる。心の中に弁当が刻まれている」という一節があります。その思い出とは、幸せな時間と味の暖かい記憶であったり、作り手に対する感謝や、残してしまったことへの反省、あるいは「ありがとう」と言えなかった後悔かもしれません。お弁当を作る側も、食べる人が笑顔になるように、彩りを考えたり、栄養バランスを考えたりしているはずです。学校に持たせるお弁当であれば「好き嫌いなく食べてね」とか「テスト頑張れ」とか、作り手と離れたところで伝えられるメッセージが込められているかもしれません。

少し前に、反抗期の女子高生とシングルマザーの親子による手作り弁当をめぐるエピソードが話題になりました。生意気な態度や無視を繰り返す娘に、ささやかな反撃として母親が海苔でメッセージを綴った「嫌がらせ（と言っても愛情たっぷりの）弁当」を高校入学から卒業まで三年間作りつづけたという実話で書籍化もされました（『今日も嫌がらせ弁当』）。お弁当を「作る」ことが単に携帯用の食事の支度をするということではなく、また、お弁当を「食べる」ことが、単に空腹を満たすだけではない、楽しさ、嬉しさ、時に息苦しさやほろ苦い感情を伴うものであることを教えてくれます。手作り弁当は、家族や身近な人との絆や愛情にまつわるストーリーと結びついているのです。

四　手作り信仰と愛妻弁当

「料理は手作り」信仰

食事は手作りがいいか、でき合いがいいかと尋ねると、ほとんどの人が手作りの方がいいと答えるでしょう。簡単なものでも手作り弁当を職場に持って行くと、「女子力高いね」「自炊してるんだ、偉いね」と褒められるのはなぜでしょうか。料理はなぜ手作りがいいのか、そして、特になぜ「お母さん（女性）の手作りが良い」と思うのでしょうか。

日本では他人のお弁当（特に手作り弁当）に対する興味や関心が高く、お弁当はただの携帯食ではなく、「愛情」であったり、「食育」であるという認識があります。最近では、幼稚園・保育所によっては、お弁当のルールがあり、冷凍食品や加工食品を入れることを禁止しているところもあるそうです。すべて手作りであることがお弁当としての「理想」のような風潮があり、お弁当のおかずに冷凍食品を使うのはなんとなく「手抜き」であるという感覚があるのでしょう。

手作り料理についての一般的な意識は実際はどのようなものでしょうか。一年以内に結婚を予定している男女六〇〇人を対象にした「手作り料理と味の伝承に関する意識調査」（全国農業協同組合中央会）によると、結婚後女性に手料理を作ってもらいたいと思っている男性は、「ぜひ作って欲しい」と「まあ作ってほしい」を合わせると約90％でした（次頁図1）。一方で、惣菜、レトルト食品、冷凍食品などを使わずに（素材から調理した）手料理を作りたいと考えている女性は、「ぜひ作りたい」と「まあ作りたい」を合わせると約93％でした（次頁図2）。結婚を機に手作り料理への意識が高まることが分かります。他にも、家庭の味を作って欲しいと考える男性の期待に応えようとしたり、夫の家庭へ合わせようとしたり、女性の料理に対する意識の高さが窺えることも報告されています。若

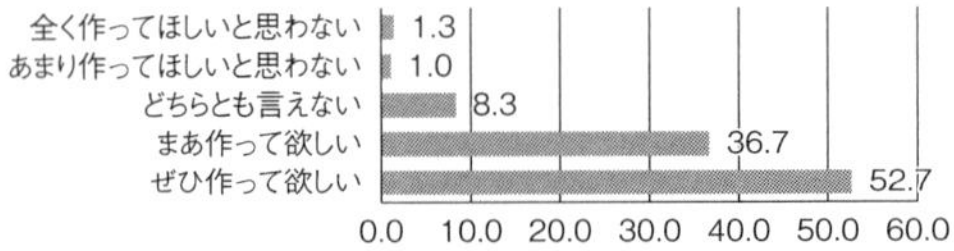

図１　新婚生活での料理の手作り意向【男性】
単数回答　N=300 (単位：%)

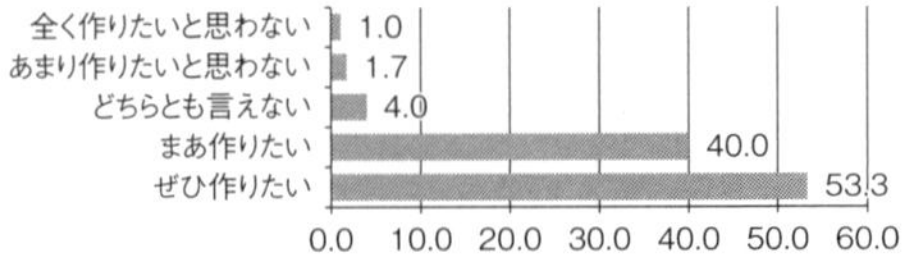

図２　新婚生活での料理の手作り意向【女性】
単数回答　N=300（単位：%)

『よい食ニュースレター』（全国農業協同組合中央会、2011 年 11 月 1 日）に掲載された「手作り料理と味の伝承に関する意識調査」（p.11）の結果をもとに筆者が作成　https://life.ja-group.jp/pdf/new/Hsat9YjBVf.pdf（閲覧日：2018.3.2）

い世代においても手作り志向が強いようですが、実際には、女性に現在の一週間の料理回数を聞いたところ、週の半分以上の食事で料理を作っていないという結果でした。

この調査では、女性と男性では質問項目が異なっています。結婚後、男性に料理を作って欲しいかという女性への質問がありません。また、結婚後、女性に料理を作ってあげたいかという男性への質問もないのです。そもそも料理は女性がするものという大前提があることが窺えます。

愛妻弁当の真実

奥さんが働く夫のために作ってあげるお弁当を「愛妻弁当」と呼ぶことがあります。愛妻弁当は、「『愛する妻が愛情を込めて作ってくれたお弁当』というノロケのニュアンスを多分に含む」（『実用日本語表現辞典』）と定義されていますが、愛妻弁当についての男性、女性の意識はどのようなものでしょうか。

男性（二二～三九歳の四二五人）を対象とした「愛妻弁当」にかかわる調査（「愛妻弁当『欲しくない』その驚きの理由とは？」（株式会社マイナビ）では、「結婚したら奥さんに愛妻弁当を作ってもらいたいか？」という問いに対して、「はい」と回答したのは約六割、「いいえ」が約四割でした。「作って欲しい」理由は、「自分のために作ってくれたら嬉しい」「食費が浮く」というような意見が多かったようです。作って欲しくない理由は「昼くらい好きなものを食べたい」「お弁当は文句が言えない」など、妻の手作り弁当に否定的な意見もありましたが、「朝、大変だから」というように共働きの奥さんの負担を気遣うケースもありました。手作りは理想だが結婚後は現実的になること、「愛妻弁当を作って欲しい」と思っている男性が圧倒的に多いというわけでなく、お弁当作りが時間も労力も要して大変であるという認識があることが分かります。しかし、男性がお弁当作りを担ったり、手伝ったりすることに言及した回答はありませんでした。

女性の「夫へのお弁当作り」の意識について、味の素株式会社のＡＭＣ調査の結果によると、夫の弁当を作るかどうかは世帯年収との関係が強く、基本的には、世帯年収が低いほど毎日作る率が高く、妻の就業形態や、料理が好きかどうか、お弁当作りが苦痛かどうかとは関係がないことが報告されています。妻たちは、愛情というよりももっと現実的な、たとえば、節約のため、健康のため、頑張って働いてもらうためなどの理由でお弁当を手作りしているようです。

いずれにしても、家族のためにお弁当を作るのは女性（母親）という前提で語られることが非常に多いようです。お弁当を作ることが「良いお母さん」「理想的な妻」という感覚は未だに根強いのかもしれません。若年層では共働き世帯が増え、妻たちの負担を認識している夫たちもいるようですが、女性の側にも料理は女性がするべきという価値観、「家族への愛情＝手作り料理」という規範があることが窺えます。お弁当を含め、食べること、食にかかわること全般については「手作り」が良くて、しかも作り手は女性であり、手作りであればあるほど理想的と考える傾向が見られます。お弁当を持って、学校や職場に出かけるという当たり前の日常は、多くの場合は、作り手である女性の負担の上に成り立っているようです。

五　自己表現ツールとしての手作り弁当

キャラ弁の憂鬱

戦後の高度経済成長のなかで、コンビニ弁当やスーパーの惣菜などの中食産業が発展して、私たちのお昼ご飯は多様化し便利になりました。一方で、健康への配慮や節約志向により手作り弁当の価値が向上しました。そのような中で、リンゴをうさぎ型にしたり、ウインナーをタコ型にしたりという飾り切りを使った「デコ弁（デコレーション弁当）」が進化し「キャラ弁」が誕生しました。

二〇一二年に、英国ＢＢＣ放送のニュース番組の中で、日本のお弁当が特集されたことがあります。記者は、訪れた幼稚園の園児たちのキャラ弁に対して「芸術の域にまで達している」、作り手である母親を「芸術的センスのある母親」と賞賛していました。さらに、キャラ弁教室にも出向き、マイケル・ジャクソンやオバマ大統領などの完成度の高いお弁当を紹介しました。生徒である母親の一人は、「運動会では特にこどもの期待が高まり、他のお母さんにも見られるのでプレッシャーを感じる」と話していました。英国では、ジャムやピーナッツバターのサンドイッチが普通のお弁当ですから、献身的な母親たちの姿と彩り豊かなおかずが少しずつ詰められているキャラ弁が賞賛されるのも理解できます。

二〇一五年に、内閣官房の公式 Twitter が、「女性応援ブログ」というタイトルで、キャラ弁で有名なブロガーの記事にリンクを張って発信したところ、批判的な意見が広がりました。共働き世帯が増加する中で、政府が家族のためにキャラ弁作りを奨励するような取り上げ方をすれば、忙しい母親にさらに大きなプレッシャーをかけることになるでしょう。勿論、子どものためにキャラ弁作りをイキイキと楽しむ女性もいますが、お弁当を「良いお母さん」というアイデンティティを映すものと捉えれば、女性が負担や窮屈さを感じてしまうのは当然でしょう。

キャラ弁については、「見栄えばかりにこだわって、栄養面、衛生面が軽視されている」「単なる自己満足」「作ってもらえない子どもは可哀想」など、否定的な意見も多くありますが、これらは食べる人の視点からの指摘です。家を出る時に、お弁当を手渡される人（食べる人）にとっては当たり前のようなお弁当ですが、作る人の視点からお弁当を眺めると色々なことが分かります。手作り弁当には、家族や親しい人への愛情と、自分のアイディアやセンスを活かした「作品」の作り手としての「顔」が表現されています。

図3　「キャラ弁らしきものを実際に作ってみた」
料理レシピの閲覧・投稿サイト「クックパッド」で“キャラ弁、お雛様弁当”で検索したレシピを参考に著者が作成。キャラ弁は少なからぬ時間とエネルギーを投じて作られることを実感。「簡単な」とタイトルにあったレシピであったが、完成まで約2時間弱かかった。

弁当男子の登場

弁当男子は文字通り、自分で作った弁当を職場（学校）に持参する男子のことです。弁当男子が注目を集めたのは、「お弁当は女性が作るもの」という意識の裏返しであるとも言えます。二〇〇九年に『東京ウォーカー』『R25』のような雑誌で取り上げられ、ユーキャン新語・流行語大賞にノミネートされた頃から一躍注目を集めました。インターネット上の弁当男子のブログも盛んで、人気ブログは書籍化もされ、男性がお弁当を作るためのレシピ本も多数出ています。二〇代では五人に一人が職場に手製の弁当を持参する弁当男子がいるとの調査結果もあります（日経産業地域研究所）。「弁当男子」登場の背景には、リーマンショック後の不況による節約、健康志向、環境への配慮など、食生活全般に男性が関心を示すようになったことなどがあると言われていますが、テレビ番組の影響などで、「男性が料理をするのはカッコいい」「気分転換」「趣味」というイメージが広がったことも大きいのかもしれません。弁当男子の登場も、お弁当作りのモチベーションが多様化していることを示す現象と言えます。

六　これからの手作り弁当

お弁当が誰によって誰のために作られるのかという状況は、女性と男性の家庭や社会で期待される役割、働き方やライフスタイルといった背景と密接に関係しながら成り立っています。弁当男子やイクメンなど、男性の家事（料理）や育児への参加は少しずつ進んでいますが、依然として女性の頑張りによるところが大きいようです。「母親だからお弁当作り」のように性別で役割分担を決めるのは無理がある時代になり、「手作り弁当＝良いお母さん」という思い込みからそろそろ解放されても良いのではないでしょうか。一人暮らし世帯が増え、また、女性の雇用が進めば共働き世帯の増加も見込まれます。家族の形やあり方が変わり、働き方も変わりつつあるこれからの時代は、どんな手作り弁当が流行るのでしょうか。周りの人の視線から解放され、女性も男性も、自分を表現する趣味としてのお弁当作りを楽しんだり、あるいは、食べたいものを好きなように詰めたインスタ映えしないけれども美味しい「地味弁」を作る人が増えるのかもしれません。

（澁谷由紀）

【図書案内】

加藤文俊『おべんとうと日本人』（草思社、二〇一五年）
佐藤剛史『すごい弁当力！―子どもが変わる、家族が変わる、社会が変わる』（ＰＨＰ研究所、二〇一六年）
品田知美編『平成の家族と食』（晶文社、二〇一五年）

10 「食育」の現代史

一 「食育」とは何か

ここでは、「食育」をテーマに、現代日本の食に関わる問題を考えます。まずキーワードとなる「食育」とは何かということですが、政府（農林水産省）のウェブサイト「食育の推進」には、

食育は、生きる上での基本であって、知育・徳育・体育の基礎となるものであり、様々な経験を通じて「食」に関する知識と「食」を選択する力を習得し、健全な食生活を実現することができる人間を育てることです。

と書かれています。

食育が本格的に行なわれるようになったのは、二〇〇五年に食育を推進するために食育基本法が制

定されてからのことです。食育基本法の前文を読むと、なぜ法律を制定してまで食育を推し進める必要があったのかが分かります。ウェブ上で簡単にみられますので、興味のある人は一度みてみるとよいでしょう。

前文では、日本の食をめぐる問題が述べられています。まとめると、食生活の乱れ（栄養の偏り・不規則な食事・肥満や生活習慣病の増加・過度の痩身〈ダイエット〉志向などの問題）、食の安全、食の海外依存、伝統的な食文化の衰退（豊かな緑と水に恵まれた自然の下で先人からはぐくまれてきた、地域の多様性と豊かな味覚や文化の香りあふれる日本の「食」が失われる危機）などです。そうした問題への対策として「食育」が登場してきたというわけです。

二　食育の背景

食を取り巻く問題のうち、まず食の安全についてみていくと、食育基本法の制定の前後に次のようなことがありました。二〇〇一年、日本で初めて牛海綿状脳症《うしかいめんじょうのうしょう》（ＢＳＥ）が発生します。これは牛の病気で、脳の組織がスポンジ状になり、異常な行動などを示し、死亡するとされるものです。ＢＳＥに感染した牛を食べると人間も発病する可能性があります。その後、感染源となる肉骨粉を牛にエサとして与えない、食肉加工時に病原体が蓄積しやすい特定部位を除去する、検査を実施し市場に出る前に感染牛を見つけ出すなどの対策が実施され、ようやく問題は収まりました。ＢＳＥ問題の発生を機にして、二〇〇三年には食品の安全性の確保を目的とする食品安全基本法が制定されました。そうした流れのなかで、食育基本法も制定されたといえます。

その後も、食の安全を脅かす事件は続きます。表示と異なる材料が使われていたり、賞味期限や消費期限を偽装していたり、ひどいものでは毒物が混入していたりなどです。こうした事件などをうけて、それまでさまざまな役所でバラバラに行なわれていた消費者行政を、一箇所で総合的に実施する役所として、二〇〇九年には消費者庁が設置されました。二〇一一年には東日本大震災が発生、東京電力福島第一原子力発電所も被災し、大量の放射性物質を放出する深刻な事故を起こしました。そのため、食品汚染や風評被害も発生しました。

次に食の海外依存の問題をみてみましょう。日本が海外から大量の食料を輸入していることは、ご存じのとおりです。農林水産省のウェブサイト「日本の食料自給率」にデータがあります（二〇一六年度の数字）。品目別でみると、米（ほぼ一〇〇％）や野菜（八〇％）の自給率は高いのですが、小麦や油脂は一〇％台、肉類・魚介類も五〇％台です。畜産物については、日本で生産された場合でも、エサは外国からの輸入が多いということも考慮しないといけません。全ての品目を合わせた総合食料自給率は、食品が体内で消費された時に発する熱量で換算するカロリーベースでは、四〇％を割っています。もしも何らかの理由で海外から食料を輸入できなくなったら大丈夫だろうか。これが食の海外依存問題です。

さて、ふつう総合食料自給率といえば、このカロリーベースの数字が取り上げられることが多いのですが、金額で換算する生産額ベースだとかなり印象が異なります。生産額ベースの自給率は六〇％代後半、つまり2／3を国産が占めています。前述のように、カロリーが高い肉（そのエサ）・油脂、それからパンや麺、菓子などの材料として消費が多い小麦などで輸入が多く、逆にカロリーが低いけれども食卓に欠かすことのできない野菜などでは国産の割合が高いために、カロリーベースと生産額ベースでこうした逆転が生じるのです。ただし、日本が大量の食料を輸入していることに違いはありません。

そして、伝統的な食文化の衰退についてです。二〇一三年一二月、「和食」が国際連合教育科学文化機関（ユネスコ）の無形文化遺産に登録されました。これは大きなニュースになりました。しかし、この場合の「和食」とは具体的にどのような料理を指すのでしょうか。そして、無形文化遺産に登録されるということは、いったいどういうことなのでしょう。和食が美味しいとか、素晴らしいとか、身体によいとか、国際的に認められたということなのでしょうか。

ユネスコ無形文化遺産のウェブサイトを確認しましょう。すると「和食」の正式登録名が、
Washoku, traditional dietary cultures of the Japanese, notably for the celebration of New Year

であることが分かります。これは日本語では「和食：日本人の伝統的な食文化―正月を例として」となっています。「おせち料理」のことでしょうか？　さらにユネスコのウェブサイトの解説をみると、

Washoku is a social practice based on a set of skills, knowledge, practice and traditions related to the production, processing, preparation and consumption of food.

と書かれています。日本語訳すれば、「和食は、食べ物の生産・加工・調理・飲食に関わる、技術・知識・実践・伝統の組合せに基づく社会的な慣習である」となります。つまり、特定の料理のことではなく、食文化としての「和食」ということです。正月に食べる「おせち料理」にそうしたものが、特によく表われているというわけです。

ユネスコ無形文化遺産は、「無形文化遺産の保護に関する条約」に基づいています。日本の文化財行政を担当している文化庁のウェブサイトの説明では、同条約は「グローバリゼーションの進展に伴い、世界各地で消滅の危機にある無形文化遺産（Intangible Cultural Heritage）の保護を目的とした条約。無形文化遺産の保護やその重要性に関する意識の向上等を確保するため、締約国の担うべき役割や国際的な協力や援助について規定されている」とのことです。「消滅の危機にある」というのがポイントです。さらに条約の本文をみると、無形文化遺産は「文化の多様性」と「人類の創造性」に

対する尊重をうながすと書かれています。

グローバル化が国や地域の違いを無くしていくなかで、それぞれの個性ある文化までも消滅させてしまう。それはそこに暮らす人々にとって損失となるだけではない。文化の多様性が失われることは人類全体の損失だから保護していこう、という考え方です。

「和食」の無形文化遺産登録は、世界の文化の多様性を維持するために、「和食」が保護すべき文化の一つとして認められたということなのです。

「和食」が無形文化遺産に登録されたことは素直に喜ぶべきことです。登録をめざした理由の一つには、東日本大震災や原発事故に苦しむ日本のイメージを回復したい、復興に向け人々を元気づけたいという思いもあったそうです。ただし、単純に「日本文化はやっぱりすごい！」とか、「これで外国人観光客がもっと日本に来てくれる」とか、「日本の農水産物が海外で売れる」とか、無形文化遺産登録の意味を表面的にしか理解できないとしたら問題です。

自分たちの日常の食生活を思い出してください。日本の伝統的な食文化は衰退しています。無形文化遺産登録により、日本は世界の文化の多様性を維持するために、国際社会とも協力して、「和食」の文化をきちんと守っていく責任を負ったということを忘れないようにしなければなりません。同時に「和食」とともに多様性を構成している他国の食文化（それが無形文化遺産に登録されているかどうかにかかわりなく）を尊重しなければならないこともいうまでもありません。

三　食育の現在

このように世界や時代の変化のなかで、日本の伝統的な食文化が衰退しつつあり、それを守っていかなければならないという状況があります。食育では、日本政府（農林水産省）が国民に「日本型食生活」（写真）を勧めています。そのウェブサイトによると、日本型食生活は「ごはんを主食としながら、主菜・副菜に加え、適度に牛乳・乳製品や果物が加わった、バランスのとれた食事」と定義されるものです。簡単にいうと健康によい食生活ということですね。

さて、いつ頃の食生活だと思いますか。明治時代？　大正時代？　昭和戦前？　昭和戦後？　それとも平成時代になってからでしょうか？　答えは、昭和五〇年代ごろ（一九八〇年前後）の食生活のことです。単純に「昔の食生活の方が健康的だ」というわけではない

日本型食生活の例
（農林水産省ウェブサイト、http://www.maff.go.jp/j/syokuiku/nozomasiisyokuseikatu.html）

のです。定義をみれば分かるように伝統的な日本食（和食）そのままではありません。和食を基本としながらも、欧米の影響を受けた食事です。昔の和食は、塩分の多いおかずで大量のごはん（炭水化物）を食べてカロリーを補うというものでした。

しかし、第二次世界大戦の敗戦後の復興から高度経済成長を経て日本社会は豊かになりました。食の欧米化も進みます。その結果、肉やタマゴ、チーズやバターなどの乳製品、栄養素でいえば、たんぱく質、脂質の摂取が増加していきました。そうした変化のなかで、昭和五〇年代ごろの食生活がちょうど栄養的にバランスがよかったということなのです。その後は、炭水化物不足、脂質過剰になっていきました。

食をめぐるさまざまな問題への対策の一つとして生まれた食育ですが、うまくいっているのでしょうか。食育基本法に基づき、政府は五年ごとに「食育推進基本計画」をつくることになっています。計画では実現すべき目標が掲げられ、第一次（二〇〇六〜二〇一〇年度）、第二次（二〇一一〜二〇一五年度）、第三次（二〇一六〜二〇二〇年度）と実施されてきました。全国一斉に定期的に行なわれるものとして、毎年六月の「食育月間」、毎月一九日の「食育の日」があります。これらの期間には、食に関するイベントなどの普及啓発活動が実施されます。

ところが、総務省行政評価局が二〇一五年（第二次基本計画の最終年度）にチェックしたところ、「計画目標がほとんど達成できず、都道府県などとの協力も不十分」だということが分かりました。

なんと一一項目の数値目標のうち九項目が達成できていなかったのです。総務省は、食育に関わる内閣府や文部科学省、厚生労働省、農林水産省に、見直しを求める意見を通知しました（『朝日新聞』二〇一五年一〇月二三日夕刊）。

そうした指摘も踏まえ、第三次食育推進基本計画が策定され、二〇一六年度からスタートしました。計画に関わる資料はウェブ上に公開されています。計画をつくるにあたって考慮した、食をめぐる状況の変化として次のようなことが指摘されています。「食べる」ことは人が生きていく上で、日々行なう重要な行為ですから、そこには現代日本社会のありようがよく表われています。

（1）若い世代の食生活に問題があるということ。「健全な食生活を心がけている人が少なく、食に関する知識がないとする人も多い。また、他の世代と比べて、朝食欠食の割合が高く、栄養バランスに配慮した食生活を送っている人が少ないなど、健康や栄養に関する実践状況に課題が見受けられる」としています。

（2）家族のあり方の変化、格差の拡大が、人々の食にも影響を及ぼしているということ。「高齢者を始めとする単独世帯やひとり親世帯、貧困の状況にある子供に対する支援が重要な課題になっている」と述べられています。

（3）高齢化が急速に進んでいること。「健康寿命」（日常生活に制限のない期間）を延ばすことが重要な課題であり、食育の観点からも積極的な取組が必要であること。

（4）食料を海外に大きく依存しているにもかかわらず、大量の食品廃棄物を発生させ、環境への負荷を生じさせていること。

（5）「和食」がユネスコ無形文化遺産に登録されたこと。

こうした状況の変化に対処するために、課題や目標が設定されましたが、特に若い世代への働きかけを重視していることが特徴です。たとえば、二〇歳代および三〇歳代で朝食を食べない人の割合は二〇一五年度に二四・七％もありましたが、それを二〇二〇年度までに一五％以下になるように目指すとしています。

また、新たに「和食」がユネスコ無形文化遺産に登録されたことで、「その継承のため必要な措置をとることが求められている」ので、郷土料理や伝統料理など、地域や家庭で受け継がれてきた料理や味、箸の使い方などの食べ方・作法を受け継ぎ、地域や次世代へ伝えていく国民を増やすことも目標とされました。そうした国民の割合は、二〇一五年度には四一・六％でしたが、二〇二〇年度までに五〇％以上を目指すこととし、特に二〇歳代および三〇歳代の若い世代については、食文化を十分受け継いでいないという現状を意識し、その割合を二〇一五年度四九・三％から二〇二〇年度までに六〇％以上とすることを目指すとしています。

若い人たちと話していると、食育という言葉を知っている人、学校で食育に関する活動を体験したことがある（覚えている）人が多いようですので、その点では食育は普及しているといえます。それがどこまで身につくか、学校教育を終えた人たちにどのように働きかけるかです。食の問題では、過度のダイエットの問題、朝食を食べない問題、コンビニや飲食店のバイトで体験した食べ残し・食品廃棄問題などに関心があるようです。

今回は、なぜ食育が必要とされるようになったのかということから、現代日本の食をとりまく問題を取り上げました。食が文化や社会について考える手がかりになることを知っていただければ幸いです。

（土田宏成）

【図書案内】……………………………………

江原絢子・石川尚子・東四柳祥子『日本食物史』（吉川弘文館、二〇〇九年）

江原絢子・石川尚子編著『新版　日本の食文化―「和食」の継承と食育』（アイ・ケイコーポレーション、二〇一六年）

11 外来文化の受容ロジック
――マクドナルドとスターバックスを例に

一　はじめに

マクドナルドもスターバックスもいずれもアメリカからもたらされ、広く日本でも受け入れられ、店舗のイメージも都市の風景に馴染んでいます。国外から何らかの消費財が入って来た時、その土地の文化の在り方と関わりの中で適応していき、初めて受け入れられます。つまり「アメリカ化」とも言われるグローバリズムの流れは、一方向の「同質化の作用」とは限らず、ローカルにおいて、元来のモノの意味が多様に変換され再構成される「異質化の作用」でもあります。では、どのようにして日本人は、この「外来文化」を受け入れてきたのでしょうか。マクドナルドもスターバックスも、日本人が古くから主食としてきた米文化に由来する世界観との関係性から、「外来」の文化的意味が日本に馴染むように再構成されてきています。

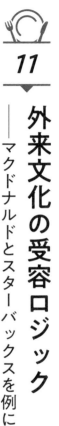

二　日本人のアイデンティティとしての「米」

茶碗に盛られたご飯は家族で囲む食卓に欠かせないものです。子どもがお米を残したりすると「お百姓さんに申し訳ない」とか「神様に怒られてしまう」と言われたりします。この言葉には日本の神話にまで遡ることができる文化と歴史の背景があります。文化人類学者の大貫恵美子が『コメの人類学』で明らかにしているように、日本の大地には平和、創造力、豊穣性の源になる神々が宿り、稲田の神も、成長とエネルギーの源であり、日本人の身体の生成を促し再活性化させると信じられてきました。農民たちが永々として耕作し続けてきた恵みとしての米だからこそ、日本人は安堵感を持って主食として食べているのです。

ミクロネシアのヤップ島の研究をしたアメリカの文化人類学者デイヴィッド・シュナイダーは、*A Critique of the Studies of Kinship*（『親族研究の評論』）の中で、島民としてのアイデンティティは、漁労を営み、土地を耕し収穫をし、また、土地や海に宿る神々に祈る儀礼などの様々な行為を通して生まれていき、そして、日々の労苦を通じて大自然の恵を分かち合って食することで、親族の血縁関係を中心とした仲間意識を形成していくと検証しています。ここから一般に、アイデンティティとは本質的にどこかに「states of being（所与の状態）」として在るのではなく、「states of doing（行為の状態)」から生まれるとしています。「日本人」という意識には、大地を耕す農耕民たちの連綿とした営みと祈りの中から創られてきた米の文化が根差している側面があると言えます。

三　パンと牛肉

マクドナルドは、民族意識を構築する米とは非対照的な形で位置づけられ、「周辺的」なものとして受け入れられたと大貫恵美子は『マクドナルドはグローバルか』の中で言っています。マクドナルドは、「西洋・アメリカ」として捉えられ、あくまで外来のものであって、西洋からもたらされたパンと牛肉によるハンバーガーを食べる時の感覚と、日本人がご飯を食べている時とは全く異なるとしています。家庭の外でも、「満足する食事」は「お弁当」であり、必ずご飯と一緒に作られたもので、マクドナルドのハンバーガーは特に若者たちが、「スナック」感覚で食べるものとして受け入れられたとしています。

パンには元来キリスト教の意味合いがあります。聖書の中で「最後の晩餐」において、イエスがパンを割き「これは私のからだである」と告げて、弟子たちに渡したところから始まり、以来、神聖な食べ物として教会の「聖餐式《せいさんしき》」などで使われます(「マタイによる書」26章26-28節)。イエスが地上に遣わされたのは、人間の「原罪」を贖《あがな》うためであり、その身体の犠牲は、信者たちの永遠の命を約束すると信じられています。つまりパンはキリスト教徒たちの世界観の中に位置づけられ、日本人の認識の仕方とは根本的に違います。ここから、それぞれの文化で、諺が生まれています。大貫恵美子（前掲書）が挙げている例では、英語で「生活に関する問題」は“bread-and-butter issue”と表現し、「家族で稼ぐ人」は“bread-winner”と言います。他方、日本では、職場や生活の場などで苦楽を共にして、親しくなることを「同じ釜の飯を食う」と表現しますし、生活のための手段を「飯の種」と言います。欧米圏のパンも日本の米もそれぞれの文化的意味がライフスタイルの意識の中に浸透しているのです。

牛肉(beef)には、英語では「議論の根幹」という意味や「身体の活力」という意味もあります。アメリカの文化人類学者マーシャル・サーリンズは、牛という体も大きく力強い動物を飼いならすために多大な労力がかかるところから、牛を家畜にして食べることは「自然」を人間の「文化」が「支配する」ことを象徴している一例だと検証しています（『人類学と文化記号論』）。ここでの「自然／文化」とは構造人類学の概念で、クロード・レヴィ＝ストロースが『親族の基本構造』で明らかにした人類の普遍的思考で、人間の無意識に内在する二分法です。「自然」は生与または所与の状態のもので混沌としており、時として不安や脅威の存在になりうる状態や感覚を指します。「文化」とは分類体系や秩序体系を意味し、安定と規律規範全般を生み出し、人に安堵感や温かみをもたらす領野です。人類は、近代化されるはるか昔から、自然から文化へ変換するという知的作業を行なってきたのです。

四　サードプレイスとしての場所

マクドナルドでは、夕方になると、高校生や若者たち同士が、昼食と夕食の間の空腹を満たし、長々と楽し気に語り合う姿がよく見られます。そこで、好きな時間だけ、会話を楽しみ、ゲームなどをし、自由でリラックスした雰囲気を味わっています。彼ら彼女たちは、学校でもなく家でもない、「第三の居場所」として、居心地の良い場所をマクドナルドに求めていると言えます。大貫恵美子が主張しているように「個人主義」や「自由」を享受する場所です（前掲書）。普段の日常で求められる家での躾や規律、学校での価値規範や競争意識とは無縁な場所です。若者たちは子どもから大人社会に入る「中間」的存在ですから、成長の過程では普段の学校生活が、時に窮屈に感じたり、苛立ちを抱いたり、反抗的感情を持つこともあります。この意味で、マクドナルドは、学校や家庭などといった「日常」の所与の環境という「自然」から解放され、自由になり、安堵感や心地良さを体感する場所「サードプレイス」になっていると解釈できます。

この「自由な感覚」は、スターバックスでも味わうことができますが、「サードプレイス」として、マクドナルドとはまた違った「文化」の世界を創っています。詳しくは後述しますが、アメリカの歴史学者ブライアン・サイモンは『お望みなのはコーヒーですか？』で、サードプレイスとは家というオフの場と会社や学校のオンの場との「間」を指し、オンでもなくオフでもない自由になる感覚を味わう場としています。本来の自分に返ることができる場で、人は家や会社で起きたことを振り返って、自分についてリラックスして考えたりするのです。あるいは気心の知れた仲間と会話を心から楽しむ自由な感覚を共有しています。スタッフたちが洗練されたサービスで良い雰囲気を作るように意識し、心地良くくつろげるようにしています。気配りや目配りをして、客が求めていることや多様な好みに臨機応変に対応しているのです。

人の成長過程は「日常」の時間の中では連続したものとして感じられますが、あらゆる地域社会において、その時間の流れに文化的に区切りを入れる「非日常」の時が形成されているとフランスの文化人類学者ファン・ヘネップは『通過儀礼』で言っています。結婚式や成人式などのように、人は「日常」から一旦離れ、儀礼という「非日常」の世界に入り、新たな思いで「日常」に再び戻るということを通じて、古い自己から新しい自己に再生成されます。このモデルは、マクドナルドにもスターバックスにもあてはめられます。つまり「日常」の生活では階層的関係があり、規律規範などが重んじられ、自己の能力の向上を目指すことが期待されます。他方、「非日常」では、自由でリラックスでき、友人と語り合うことで、上下関係とは無縁な平等な感覚を味わうことができ、素のままの自分を感じます。つまり、「日常」から、自ら「非日常」の時空に逐次参入し、自分らしさを新たに再確認することができるのです。

家の食卓でお米を食べている際には、家族の成員の序列の他、食べ方などの躾や規律などが反映されています。米を共に食べることで階層的関係による社会的紐帯《ちゅうたい》を再確認します。しかし、マクドナルドでもスターバックスでも、当然、このような「日常」の規律規範からは解放されています。マクドナルドのハンバーガーを食べるにしても、スターバックスで、たとえばラテと一緒にスコーンを食べるにしても、当然、注文したものは友人同士で共有するものではありません。その時の気分や好み次第で、また、自分の気のあった仲間と好きなだけ楽しめる場所です。自分の好みに従って選び、好きな場所に座り、それぞれが自由気儘に談笑している時は、家で米を食べる時の感覚とはまた別の感覚を味わっているのです。この意味でも、マクドナルドでもスターバックスでも、「非日常」の舞台を用意していると言えます。

これらのアメリカからの飲食文化は、日本人が米を中心として形成してきた価値規範や規律から離れ「自由」を楽しめる場所として認識されていきます。家でご飯を食べる所が食卓としてあらかじめ固定されている意味で「領土的」とすれば、マクドナルドもスターバックスも、店も座る場所も自分の好みで選べる「脱領土的」なものとして、家庭とは違うオールタナティブな感覚を味わう場所になります。知人同士で行けば、仲間意識を再確認する場にもなりますが、あくまで個人の意志と自由な感覚が重視されます。また、食材の米が日本の大地で収穫された「領土的」なものであるのに対し、マクドナルドもスターバックスも、牛肉でもコーヒーの豆でも、原産地がグローバルな形で生産されたものが効率的に合理的に作られたもので、この意味でも「脱領土的」と言えます。このアメリカを中心として展開されてきたグローバリズムの流れで形成された場所としてマクドナルドもスターバックスも位置づけることができます。

五　スターバックスの特徴

スターバックスがマクドナルドとは異なり特徴的で新鮮さがあるのは、女性たちに支持されたことにあるとブライアン・サイモンは指摘しています。元来、アメリカでは、コーヒーは仕事や勉強などを捗《はかど》らせるという目的志向性の強いものでした。たとえば、朝一杯のコーヒーは眠気覚ましとして飲むことには合理性があります。たとえば、アメリカの大学院生は、コーヒーには「ビタミンC」があるから欠かせないとも言います。ここでのCはカフェインを指すのです。しかし、創業者ハワード・シュルツが『スターバックス成功物語』の中で、イタリアのカフェの文化を目の当たりにして大きな刺激を受け、そこでの感動がスターバックスの原点だと述べています。コーヒーを作るバリスタと客同士とのやりとり、店も解放的で外にも椅子が出され、そこで会話を楽しむ人々の風景を見て、この「本来」のコーヒー文化、「本物」で「唯一無二」の感覚を味わう場を創ろうと考えたのです。そして、こだわりのある人たち、特に、高学歴で、たとえば『ニューヨーク・タイムズ』などを読む人たち、旅行を頻繁にし、本を買って読み、クリエイティブな活動をする人たち、または知識を蓄積していくことを楽しむ豊かな人々に受け入れられるような洗練した場を創ろうとしたところから始まります。ここに行くことで、殺伐として時に冷酷ですらあるグローバル資本主義社会の中で生き抜く人々のために、「心地よさ」「くつろぎ」の場を提供していこうとしたのです。

また、スターバックスは、コーヒーだけでなく、砂糖やクリームと共にチョコレートやナッツ類の他、季節に応じた果物などを様々に混ぜ合わせ、ヴァリエーションが豊かな甘い飲み物を多く開発してきています。こうした多様な新商品は、今まではさほど親しんでこなかった女性たちから圧倒的な支持を得ます。「目を覚まし頭の回転をよくする」という目的志向が強かったコーヒーが、違った感覚で楽しめるものとなっていきます。さらに、彼女たちが支持するのは、最先端の成功のイメージとしてのスターバックスです。ハリウッドの映画でも使われており、たとえば、アメリカの女性ファッション雑誌『ヴォーグ』の編集長として著明なアナ・ウィンターをモデルにし、女性たちに圧倒的な人気を博した映画『プラダを着た悪魔』では、凄腕の女性編集長のアシスタントに毎朝デスクに用意するように伝える飲み物がスターバックスのコーヒーです。また、女性司会者として人気のあるオプラ・ウィンフリーも、「褒められるべき、尊敬に値するべき私だから、ラテを購入する」と述べています（ブライアン・サイモン、前掲書）。知的成功のイメージを付随させているだけでなく、日頃の生活での「ご褒美」を得られる場所として認識されていきます。毎朝出かける時の一杯は安価なコーヒーでも、ここに行けば、特別な味を経験でき、日々頑張る自分への「特別なご褒美」を洗練された雰囲気で楽しめるようにしました。日頃の心的疲弊感を癒して、安らぎやくつろぎ、楽しさを味わうことのできる場所、あるいは、少しだけの「プレミアム感」を感じることで、いつもとは少し違う自分を心地よく感じられる場所です（ブライアン・サイモン、前掲書）。仕事や家事などからも離れて、一時を楽しむ場所として機能します。また、経営コンサルタント草地真は、スターバックスは広告やテレビコマーシャルでの宣伝をしていないことを指摘しています（『なぜスターバックスは日本で成功できたのか』）。客たちが店内の席で、オーダーしたものをスマートフォンで撮り画像をインスタグラムやツイッターなどにあげることで、その洗練されたイメージが時空間を超えて伝わって広がっていきます。こうした脱領土的「非日常」を楽しめる場がスターバックスと言えます。

スターバックスが大切にしていることの一つに、客の立場に立ち心を込めて歓迎することだと、ジョゼフ・ミケーリは『スターバックス5つの成功法則とグリーンエプロンブックの精神』で述べています。訪れた客の状況や要望を察知しながら、その都度客との関係を築こうとすることを大切にしています。思い遣りをもって接することを重んじているのです。このような柔軟性に富む精神から、たとえば、客が仕事帰りであることが明らかに分かったら、カップに「お疲れさまです」というような言葉を書き添えたり、顔見知りの常連に対しては、「昨日も来てくれましたね」と笑顔で接客する光景で温かい雰囲気もつくられるのです。これを「経験経済」と呼び、訪れた時、商品だけでなく、働いている人たちとのやり取りの中から生まれる経験、それも、その時にのみ味わえる「唯一性」の提供を可能にします（ジョゼフ・ミケーリ、前掲書）。こうした精神は、日本人が大切にしている相手の立場を思い遣る他律思考と重なるものがあります。

六　まとめ

スターバックスとマクドナルドとで共通することは、日常の世界に文化的区切りを入れて、自分であることを再確認できる「非日常」的感覚をもたらしていることでした。現実社会では、日々やらなくてはならないことにとかく追われる切迫感、なんらかの目的を達成しなくてはならない義務感、実際どうなるか分からないという不安感等々を抱えています。こうした居心地の悪さは、グローバル化された日常で現代人は誰もが心に持っているとピエール・ブルデューは検証しています（『市場独裁主義批判』）。しかし、外来の「非日常」の世界に自らの意志で参入することで、自分が心地よい存在として変換され、我に返ることができるのです。あるいは、親しい友人と話すことで、新しい気分で世俗の「日常」に戻ることが可能となっていきます。

グローバル状況にある現実の不安や冷たさや疎外感を感じさせる混沌とした環境を、構造人類学の概念の「自然」とすれば、日常で疲弊した自己を再活性化させていくことは、安堵感や心地よさや温もりとしての「文化」への移行であるとも解釈できます。レヴィ＝ストロースは、『今日のトーテミズム』の中で、何らかのモノを選択して口にするのは、「食べるのに適している」からではなく、「考えるのに適している」からだと言っています。アメリカから渡ってきたマクドナルドもスターバックスも、日本人にとり、日本人の米の文化が「中心」であることを無意識に再認識しつつ、変動の激しいグローバル社会で個人が生き抜くために多様なことを思索するのに相応しい場を提供していると言えます。

（吉田光宏）

【図書案内】

大貫恵美子『コメの人類学—日本人の自己認識』（岩波書店、一九九五年）

ジェームズ・ワトソン編、前川啓治・竹内惠行・岡部曜子訳『マクドナルドはグローバルか—東アジアのファーストフード』（新曜社、二〇〇三年）

ブライアン・サイモン、宮田伊知郎訳『お望みなのは、コーヒーですか？—スターバックスからアメリカを知る』（岩波書店、二〇一三年）

12 「食」と「体」

一 はじめに

毎日のように大学生に接していると、特に女子学生の中には、朝食を抜いている学生や、飲み物やサプリメントを食事と考えている学生がいることに驚きます。これらは授業内で行なわれている栄養調査から見えてくることでもありますが、そもそも食べることについて、どちらかというとマイナスに考えている学生が少なくないように感じます。確かに、メタボリックシンドロームという新たな診断基準が生まれた背景には、食べ過ぎによる「不健康」が問題視されたのも事実ですが、それがすべてではないことも事実です。また、「食べない」ことから来る様々な影響も、決して見逃せません。特に女性の場合、妊娠や出産のことを考えると、改めて「食べる」ということを考えてみることも必要なのではないでしょうか。私は数年前に母になり胎児に必要な栄養素は何かを学び、私が食べた食事の中からへその緒を通じて赤ちゃんに直接、栄養が届けられることを体験し、改めて食事の大切さを考えました。

食べることの意義については、まず多くの人は「生きていくため」と理解しているはずです。しかし、一言で「生きていくため」といっても、そこには様々な側面がみられます。食べることの意義には様々なものがあります。また、食べることは、「咀嚼《そしゃく》」という物理的な行為から始まり「消化」「吸収」といった科学的な変化も伴います。そのすべてが「生きていくこと」につながっているのです。これらを踏まえた上で、何をどのくらいどのように食べれば良いかが見えてきます。

二　食べることの意義

まず、生理的意義です。生命を維持するためには食物を体に摂り入れてエネルギーに変える必要があります。また健康の維持や増進、疾病の回復や予防のためには必要なエネルギーに加えてビタミンやミネラルを摂取し、体を作り整えるためのバランスのとれた食事が必要となります。また生活リズムを維持するためには規則正しい食事が必要となります。

次に、精神的意義として満腹感や充実感の獲得があげられます。人は食欲が満たされると安心します。特に好きな食べ物を食べた時には満足感を得て充実した時を過ごすことができます。充実した時間を過ごすことができると様々なことに意欲を持つことができ、生活にハリを感じることができるなど、生活意欲の向上につながります。好きな物を食べる以外にも自分の健康観に合わせた食事をしたり、話題のお店に行ってみたりと、食事は自己表現の一つでもあります。

社会的意義もあげられます。食が、社会関係、人間関係の形成およびコミュニケーションの場になるというものです。家族、友人、同僚などと集まって食事をすることで会話が生まれ、相手の新たな一面を知ることができることもありますし、食事は周りの人々との良好な関係性をつくる場でもあります。「新人歓迎会」「送別会」はたまた政治家の料亭での会食なども、人間関係の確立とその確認という意味で、食事は大切なイベントなのです。

また、食はマナーの獲得の場でもあります。命あるものをいただく、作ってくれた人に感謝するということから「いただきます」「ごちそうさま」という表現が出てきます。これは日本特有の言葉です。このような目の前に並べられた食べ物に対する感謝の心を養うのも重要な心のマナーです。また、一緒に食事をする相手に不快な思いをさせないような食べ方も、食事を通して学ぶことのできるマナーの一つです。

その他、行事・儀式に伴う食も大切です。新しい年を迎え幸せな一年であるようにとの願いをこめたおせち料理を始め、日本人は季節ごとの催事や年中行事を大切にしています。また人生の節目にも会食はつきものです。生後百日目を越えたころの赤ちゃんに食事のまねごとをさせる「お食い初め」というお祝いの儀式や、満一歳の誕生日では「一生、食に困らないように」という願いをこめて一升のもち米で作られた一升餅を背負わせてお祝いする行事もあります。そして結婚式では祝いの会食、お葬式ではお別れのための会食など、色々な場面で会食はつきものです。その他にも、日本には無病息災、五穀豊穣を願う食にまつわる行事や儀式が数多くあります。

三　咀嚼の効果

咀嚼とは、食事の時によく噛んで食べることを指します。この咀嚼は食事の最初に行われる行為です。その咀嚼の効果は数多くあげられます。まず食べ物の消化・吸収に良いということがあげられます。噛むことは消化酵素のアミラーゼを含む唾液の分泌を促し、胃腸での食べ物の消化吸収を促進します。二番目に、むし歯・歯周病予防の効果です。よく噛むことで唾液の分泌がよくなり唾液に含まれる免疫物が細菌を減らすため、口腔内の清潔が保たれてむし歯や歯周病の予防につながります。三番目として、がんや老化を予防する効果があります。唾液に含まれるペルオキシターゼというたんぱく質には発がん性物質の発がん作用を抑える働きがあります。また、老化現象など身体に悪影響を与える活性酵素を抑制する働きもあり、老化を防止する働きもあります。四番目の効果としては、脳を刺激・活性化するということです。食べ物を食べておいしい、まずい、硬い、柔らかい、熱い、冷たいなどを感じる、また噛むという作業により頭部の骨や筋肉が動き、血液の循環がよくなることで脳神経が刺激されて脳の動きが活発になります。五番目に、ストレス解消と肥満防止の効果があげられます。早食いをしないでゆっくり時間をかけて楽しく食事をすることで緊張がほぐれ精神も安定しストレス解消になります。また、食事に時間をかけることにより満腹感が得られ、食べ過ぎによる肥満防止の効果もあります。最後に強いあごを作るという効果です。硬いものをよく噛んで食べると上下の顎の骨や顔の筋肉が発達して丈夫な顎を作ります。顎が十分に発達していないと歯並びが悪くなり、運動能力の低下など健康を害するという問題があります。

四　生きていくための栄養素

口の中で咀嚼によって噛み砕かれた食べ物は食道を通り胃に到達します。胃は大きくなって噛み砕かれた食べ物を貯蔵する、また腸の能力を越えないよう量を調節するなどの働きがあります。そして胃で消化された食べ物は小腸へ運ばれてそこで初めて栄養として体に吸収されます。小腸から体内に吸収された様々な栄養素にはどのような働きがあるのか、どのような食品に多く含まれているのかを知っておくことも大切でしょう。

まず、三大栄養素としての「糖質」です。糖質は人を動かすためのエネルギー源で工場に喩えると機械を動かすためのガソリンや燃料というイメージです。人の体を作っている細胞のほとんどが糖質をエネルギー源にする仕組みになっているので、人は糖質を必ず摂らなければなりません。最近、糖質ダイエットが流行っているようですが、糖質の摂取を減らしすぎて集中力が出ないなどの影響に注意が必要です。糖質が多く含まれている食物は穀類やイモ類で主食の米、パン、麺などです。これらの食物から摂取された糖質は体内ではグリコーゲンという形で筋肉内や肝臓内に貯蔵されていて、活動により消費されていきます。糖質の摂取が少なくなると、筋肉の中のグリコーゲンが減って運動を長時間続けられなくなります。また、肝臓内のグリコーゲンも少なくなり、血糖値（血液内のブドウ糖の濃度）が下がり、脳や神経がエネルギー不足に陥り、注意力や集中力が低下します。

次に、「脂質」です。脂質は主体膜の基本成分であり、細胞の外側を覆う膜だけでなく、ミトコンドリアや小胞体や核もすべて膜で出来ていることから、細胞の基本的な材料は脂質ということになります。さらに脂質はエネルギー源としても重要です。ただ脂質は糖質と異なり、直接エネルギー源になるというよりもエネルギーを貯めておくタンクの役割になるため、過剰に摂取しすぎると体の重りになってしまいます。脂質が多く含まれている食物は、動物性脂肪としては肉、魚、ラードなどで、植物性脂肪としてはゴマ、トウモロコシ、ナッツ類などです。それらの食物に含まれる脂肪を作っている物質のことを脂肪酸といいますが、脂肪酸は肉類、チーズ、チョコレート、牛乳などに多く含まれる飽和脂肪酸と魚の脂肪や植物性脂肪に多く含まれる不飽和脂肪酸に分かれます。飽和脂肪酸は体内でコレステロールを作る材料になるため、摂りすぎると細胞膜や血管にこびりつく悪玉コレステロールが増えて心臓病や動脈硬化の原因となります。反対に不飽和脂肪酸は血液中のコレステロールを減らす働きがあるので、酸化しやすいという点に気を付けて上手に摂りたいものです。

三大栄養素の残りの一つは「たんぱく質」です。たんぱく質は体を作る土台になる栄養素です。血液や筋肉、髪、爪、皮膚などを作る材料としてとても大切な栄養素であるとともに、色々な細胞を支えるための骨組みとしても重要です。たんぱく質は脂肪を多く含む特徴を持つ動物性のたんぱく質と、炭水化物と繊維が多く含まれる植物性のたんぱく質に分かれています。動物性のたんぱく質には肉、魚、貝類、牛乳、チーズ、ヨーグルト、卵などがあり、中でも鶏肉のササミは低カロリー高タンパク食品といわれています。また、卵はたんぱく質以外にも色々な栄養素を含んでいるため完全栄養食品ともいわれています。植物性のたんぱく質としては豆、豆製品、パン、芋類、穀類などがあげられます。豆、豆製品は低カロリー高タンパク質で、コレステロールを下げる不飽和脂肪酸やレシチン、ビタミンB、食物繊維も多く含んでいるので減量中にはとても良い食品です。その他の働きとして、たんぱく質は鉄分と組み合わさりヘモグロビンという赤血球の成分を作っているため、不足すると貧血を起こす、体力が低下する、集中力が低下するなどが起きたり、肌が荒れたり爪が伸びにくくなったりします。これらのたんぱく質はアミノ酸の組み合わせで作られており、二〇種類あるアミノ酸のうち成人では八種類が体内で作られないため必ず食品から摂る必要があります。最近では、運動した後にタンパク質を摂取するとよいことから、スポーツジムなどでも推奨しているところもあるようです。ただトレーニング後に筋肉を大きくするために飲むプロテインにも注意が必要です。甘くておいしいプロテインには糖質も含まれているので、余分な糖質を摂り過ぎてしまわないよう上手に摂取するようにしましょう。

糖質、脂質、たんぱく質の三大栄養素を体で上手に利用するためには体の中で反応が起きなければなりません。その反応を上手に進めるための潤滑油の働きをするのがビタミンです。野菜や果物に多く含まれているビタミンですが、脂に溶けやすい性質をもつ脂溶性ビタミンのA、D、E、Kや、水に溶けやすい性質をもつ水溶性ビタミンのB群、Cに分かれます。脂溶性ビタミンのAは緑黄色野菜に、Dは干しシイタケなどの乾物類に、Eは大豆や緑黄色野菜に多く含まれています。一方、水溶性ビタミンは、B群ではB1、B2、B12、葉酸、ナイアシン、パントテン酸、ビオチンなどがあり、緑黄色野菜だけではなく豚肉、うなぎ、レバー、ナッツ、魚類、貝類、枝豆、納豆、卵など色々な食品に含まれています。ビタミンCは野菜や果物に多く含まれていますが、煙草を吸うとビタミンCの効力が失われるので喫煙者は不足しないよう気を付けて摂取する必要があります。またビタミンCは骨や腱などの結合たんぱく質であるコラーゲンの生成に必要な化合物なので、ビタミンCが不足するとコラーゲンが合成されないために血管がもろくなり出血を起こしやすくなります。その他には、毛細血管、歯、軟骨などを正常に保つ働き、皮膚のメラニン色素の生成を抑え日焼けを防ぐ作用やストレスや風邪などの病気に対する抵抗力を強める働きがあります。脂溶性、水溶性ともにビタミンは必要量を体内で作ることができないため、食品から摂り入れなければならない栄養素の一つです。私は年に一度も風邪をひかないほど健康体です。一人暮らしをしていた時には風邪をひいて寝込むと大変だとの想いから、少しでも風邪の兆候があると果物をたくさん食べ、ビタミンの効果を得てきました。

もう一つ、大きなエネルギーにはならないものの体にとって重要な働きを持つ栄養素がミネラルです。ミネラルは生体にとって必ず必要な電解質のことをいいます。人の体には大量の電解質も含まれていて、代表的なものは血球や体液に含まれるナトリウムやカリウムなどです。人の体の中には塩水がびっしり詰まっていると考えられていて、その塩水には大量の電解質が含まれているのです。成人では体重の六〇~七〇%が水分であり、それは全て電解質を含んだ塩水です。電解質は汗や尿などから常に失われていくので、毎日かなりの量の電解質を補充しないとバランスがうまく保てなくなります。

一方、骨にはカルシウムやリンがたくさん含まれていますが、これらも食べ物から摂り入れなければなりません。カルシウムは骨や歯を作るのに九九%が使われていて、残りの一%は血液中にあり生命維持に役立っています。食事からのカルシウム摂取量が少ないと生命維持に必要なカルシウムを骨から運ぶため、骨の中がスカスカになる骨粗しょう症になってしまうので、不足しないよう気をつけたい栄養素の一つです。その他のミネラルとしては鉄、マグネシウム、亜鉛などがあげられます。鉄は赤血球の中のヘモグロビンの成分です。ヘモグロビンはヘム鉄とグロビンというたんぱく質からできているため、そのどちらかが不足しても貧血になるので注意が必要です。どちらが不足したかは定かではありませんが私も一度だけ貧血になったことがあります。実家で暮らしていた時期には一度もならなかったのですが、一人暮らしを始めてから献血ができないほどの貧血になり、改めて食の大切さを感じました。

最後に食物繊維をあげます。食物繊維についてはサラダが日常的に食べられるようになったこととも関係があり、改めて指摘する必要はないでしょう。しかしながら便秘に悩む方には大切な栄養素でもあります。食物繊維は腸内の掃除をする働きがあり水溶性と不溶性のものとに分かれます。水溶性は高い保水力を持ちヌルヌルした粘性があり水分をたっぷり含んで便を軟らかくして出しやすくする特徴があります。果物やこんにゃく、海藻などに含まれています。不溶性の食物繊維は腸内にある発がん性物質などの有害物質を一部吸収して体外へ出す働きや、胃の中で膨らむことから満足感が得られカロリーの摂り過ぎを防ぐ特徴を持っています。根菜類やイチゴ、豆、エビやカニの甲殻、フカヒレなどに含まれています。

今まで述べてきた栄養素が上手に摂り入れられているかはなかなか目に見えて分かりませんが、自分の体と向き合いながら栄養素を理解し摂り入れていく必要があります。

五　何を食べるか

食事でまず大切なことは食べ過ぎないことです。また、良質のたんぱく質を摂ること、動物性脂肪を控えること、塩辛い食事を控えること、お酒や煙草はビタミンCの消費量を増やすため控えることなどがあげられます。また、香りや風味を生かした調理を心がけることも大切でしょう。

また自炊する、お弁当を作る場合には、五色（赤・緑・黄・白・黒）の食品を揃えることでバランスが取れることを頭に入れておくと良いです。一色目の「赤」は、肉、魚、うなぎ、トマト、イチゴなどで、高たんぱく、ビタミンが摂れます。二色目の「緑」は、ほうれん草、小松菜、みつば、キャベツ、セロリ、きゅうりなどで、ビタミンが摂れます。三食目の「黄」は、メロン、なし、みかん、バナナ、大豆、ぎんなんなどで、たんぱく質や糖質が摂れます。四色目の「白」は、豆腐、大根、ごはん、パン、山芋、牛乳などで、糖質やカルシウムが摂れます。五色目の「黒」は、ワカメ、昆布、きくらげ、きのこ、ひじき、黒ゴマなどで、ミネラルや食物繊維が摂れます。

このように食事で揃えたい食品を一つ一つ覚えておくことは難しいかもしれません。また、自炊ではなく外食が多い人もいるでしょう。その場合には食事の揃え方として主食・主菜・副菜・一汁を揃えられるようにするとよいでしょう。主食はごはん、パン、麺の中から一つ、主菜はいわゆるおかずというものです、副菜はサラダやおひたしなどの小鉢類、一汁は汁物です。この四つが揃えられればほとんどの栄養素を摂取することができます。これだけのものを揃えるのが難しければ、今まで丼ものだけだったご飯にサラダを足したり、豚汁を加えたりすることから始めても良いでしょう。

六　おわりに

テレビのコマーシャルにもありますが、自分の体は自分の食べたものでできているのです。自分の体は責任をもって自分で作る必要があります。そして食事は噛むことから始まること、最低一日三食を規則正しく食べて溜めこまない体を作ることを心がけてほしいです。

【図書案内】……………………………

女子栄養大学栄養クリニック『女子栄養大学のダイエットクリニック（八刷）』（世界文化社、二〇一一年）

ナンシー・クラーク『ナンシー・クラークのスポーツ栄養ガイドブック（五刷）』（女子栄養大学出版部、二〇〇〇年）

（小関清美）

13 なぜ「おいしく」感じるのか

人間を含めて動物はなにも食べずに生きていくことはできません。しばらく食べずにいれば空腹に感じ、何か食べたいと思い、食べれば甘さや塩辛さのような様々な味を感じ、それを「おいしい」と感じたり、時には「まずい」と感じることでしょう。それでは、どのようにしてこのような味やおいしさを感じるのでしょうか。

一 味を感じるしくみ

口に入った食べ物に含まれる物質（味物質）が唾液や水に溶けた水溶液となって舌の味蕾の中にある受容器細胞（味細胞）に接触すると、その刺激で味細胞が発した信号が脳に伝えられて甘味や塩味のような味の感覚が引き起こされます。現在、味には甘味、酸味、塩味、苦味、うま味の五種類の基本味があるとされています。うま味は日本人にとってだしの味としてなじみ深いものですが、実は一九世紀以来、一般には基本味は甘味、酸味、塩味、苦味の四種類と考えられてきました。一九〇八年、日本人の池田菊苗《きくなえ》がだし昆布からグルタミン酸の抽出に成功し、うま味と名付けたのです。その後も日本人研究者によってかつお節からイノシン酸、しいたけからグアニル酸というように種々のうま味物質が発見されましたが、世界的にはうま味が基本味であることはなかなか認められませんでした。うま味が基本味として認められたのは、二〇〇〇年頃にうま味成分に反応する受容器細胞が発見されてからです。このように、現在ではうま味は基本味として認められていますが、英語などにはうま味に相当する単語がないため、海外でも'umami'というように日本語がそのまま使われています。ちなみに、唐辛子などの辛さは辛味とも言いますが、辛さの感覚は味覚ではなく痛覚とされています。

二　味のはたらき

食べ物に様々な味を感じることは、私たちの食生活を豊かにしてくれますが、実はもっと重要な役割を果たしています。つまり、人間にとって必要な物質や危険な物質のサインとなっているということです。たとえば、甘味は通常食物中にエネルギー源となる糖質が含まれていることを知らせてくれます。またうま味もそれ自体は味のないタンパク質とともに存在することで、体を構成する主要な成分であるタンパク質のサインとなっています。一方、多くの植物に含まれる人間にとって有害なアルカロイドは苦味を持つため、苦味はそうした有害な物質が含まれている危険性を知らせてくれます。また、腐った食べ物は往々にして酸っぱくなるように、酸味は避けた方がよいことを知らせてくれるのです。もちろん、苦味や酸味を感じさせる食べ物がすべて有害というわけではありません。薬は使い方によっては毒にもなるとしても「良薬は口に苦し」という諺もあるくらいです。あるいは、レモンなどに含まれるクエン酸は、糖の代謝に関わってエネルギーの産生を助ける働きをするので肉体疲労時にはその疲労回復に効果があります。

こうした基本的な味についての嗜好は、生まれついてのものと考えられています。たとえば、スタイナー[1]は生まれたばかりの赤ちゃんに種々の味のものを与えて、その表情の変化を観察しました。その結果、塩味ではほとんど変化がありませんでした。酸味には少し不快な表情をし、苦味に対しては、明らかに吐き出そうとするような嫌悪の表情を見せました。そして、甘味を口にした時にはほほえんだのです。このように、体にとって必要な物のサインとなる味は好まれ、危険を知らせる味は嫌われるようです。

「美味学《びみがく》」を創始したとされ美食家として知られるフランスのブリア・サヴァラン（一七五五〜一八二六）がその著書『美味礼賛』（関根秀雄訳、白水社）で「造物主はわれわれに生きるがために食べることをしいるかわりに、われわれを食欲によってそこに誘い、美味によってわれわれをささえ、快楽によってわれわれに報いているのだ」と述べているように、まさに人間は生きるために必要なものを欲し、それを「おいしい」と感じるもののようです。

一九二〇年代のアメリカで、デイヴィス[2]が離乳直後の幼児に様々な食べ物を示して自由に選択させたところ、短期的には偏りがあっても、数か月単位では栄養的にバランスのとれた食事をし、同年代の子どもより発育がよかったようです。中でもビタミンDの不足によって骨の発達異常を生じるくる病の徴候があった子どもは、ビタミンA、Dを多く含む肝油を好んで摂り、自分でくる病を直してしまったそうです。確かにリヒター[3]らによるネズミを使った実験でも、様々な栄養素を含む餌を別々の容器に分けて入れ自由に食べさせる（カフェテリア実験といいます）と、必要に応じて必要なだけ食べたとされます。たとえば、脂肪を含まない餌を与えられ続けたネズミは、脂肪を好んで食べました。ただし、タンパク質不足にさせたネズミの場合、糖とタンパク質の一種であるカゼインを並べて出し、選ばせると糖を選んだのです。一般に、ネズミも甘い物好きです。栄養にはならない人工甘味料であるサッカリンでも好んで摂るといいます。先のデイヴィスの研究では、健康的な食品ばかり使用しており、いわゆるジャンクフードのようなものは使われていませんでした。もし、油で揚げ砂糖をまぶしたような菓子が選択肢にあったら、子どもたちがその誘惑に抗しきれたかは分かりません。

また、動物一般に食べ慣れたものを好む傾向があるといいます。もちろん食べ慣れたものであれば急性の中毒になるような危険は小さいでしょうが、長期的には健康に好ましくない影響を与えることもあります。人間にとって必要なビタミン類を多く含む野菜を嫌う人が少なくないのは残念なことです。かつてＮＨＫで放送されていた幼児番組で着ぐるみのキャラクターが「ピーマンがこわい」と言っていましたが、ピーマンのように匂いが強かったり、苦味のある野菜を嫌う子どもは多くいます。親が子どもの好き嫌いをなおそうとしても、なかなか成功しません。元々食べ慣れていないものに自分から手を出すことはあまりないとすれば、好き嫌いが始まる前にいろいろな食材を経験させておくなど、幼児期の食べ物についての経験が重要ということでしょう。

一方、食べ慣れた好物を食べるのをやめたり減らしたりすることも、健康のためといっても難しいものです。たとえば、食塩の過剰摂取が高血圧を引き起こすことはよく知られていますが、胃ガンの危険性も高めるのです。実際、塩分摂取量の多い秋田県では胃ガンの罹患率が高いという調査があります。秋田県では食塩摂取を減らすために長年取り組みを続けており、最近ではかなり脅迫的なポスターも制作されていますが成果は芳しくありません。『健康格差』（ＮＨＫスペシャル取材班、講談社現代新書）で元ガン患者の男性に取材した結果が紹介されていましたが、やはり、濃い味に慣れた人は薄味の料理では満足できず、自分で醤油をかけてしまったりして食生活を変えることの困難さが示されています。しかし、イギリスでは政府の要請を受けた企業が、パンに含まれる塩分を徐々に減らすことによって、消費者が気がつかないうちに塩分の摂取量を減らすことに成功した例もあるそうです。

三　味わいについて

食べ物のおいしさは、味物質によって引き起こされる味覚だけで決まるものではありません。たとえば、ひどい鼻風邪をひいた時などは、いつもはおいしい料理が味気なく感じられた経験をした人も多いでしょう。このように味わいは、味覚だけでなく種々の感覚が関わる複合的なものなのです。中でも先の例のように嗅覚は味わいに非常に大きな影響力を持っています。モーゼルら[4]の実験では、私たちが日常よく飲食しているコーヒーやチョコレート、いろいろなジュースなどを口に含み、何であるか答えてもらいましたが、嗅覚が使える時に比べて嗅覚が使えないと、正答率が大きく下がることが示されています。嗅覚が効けば一〇〇％近く正解できるコーヒーでさえほとんど当てることができませんでした。ところで、筆者の個人的経験のうち嗅覚の影響力を実感したのは、薔薇の香りのキャンディをなめた時です。それはまるで石けんをなめているようでした。本来快いはずの香りがキャンディの味を不快なものに変えてしまったのです。筆者にとって、薔薇の香りはそれほどに強く石けんと結びついていたのでしょう。

また、見かけの悪い料理が食欲をそぐように、視覚的な要素も味わいに大きな影響を及ぼします。ジョンソンら[5]によれば、同じ濃度の砂糖水でも赤い着色料の濃度を変えると、赤さが濃いほど甘く感じられたそうです。実際、ＮＨＫのかつての番組「トライ&トライ」で、赤と緑の色をつけた同じ濃度の砂糖水の甘さを学生たちに判定してもらったところ、約六割の学生が赤い水の方が甘いと答えたのを見たことがあります。通常、赤は熟した果物、緑は未熟な果物の色であることから、食べ物では赤い色が好まれるようです。このように、色も味に大きく影響するのです。

美食家として知られ、陶芸家、書家であった北大路魯山人（一八八三〜一九五九）は「食器は料理のきもの」（『魯山人味道』文春文庫）と題する文章を残しています。魯山人は自身が経営する「星岡茶寮《ほしがおかさりょう》」で客に出す料理の器に強いこだわりをもち、北鎌倉に築いた窯で自ら器を制作していました。さらに、同書に収められた「数の子は音で食うもの」で、数の子をかむ時の「パチパチプツプツ」する音の響きがなければ、そのおいしさはないというように、味わいには聴覚も重要な働きをしていることを闊達な筆で描写しています。歯触り、舌触りなどの食感が大切なことも言うまでもありません。

四　経験の影響

生ガキを食べて食中毒になり、それ以来カキを食べられなくなったという人もいるでしょう。ある食べ物を食べた後で嘔吐などの不快な経験をすると、その食べ物を二度と食べようとしなくなることがあります。毒餌を食べて助かったネズミは二度とその餌を食べないそうですが、[6]ガルシアらの実験では、サッカリン溶液を飲んだ後で塩化リチウムの投与などの気分が悪くなるような処置をされたネズミはサッカリン溶液を飲まなくなりました。一方、サッカリン溶液を飲んだ後で電気ショックを受けたネズミにはそのようなことは起こりませんでした。この結果は体の不調はその前に食べたものと結びつきやすいことを示しており、味覚嫌悪《けんお》学習といいます。あるいはガルシア効果ともいわれています。味覚嫌悪学習は、一度の経験でもその食べ物を避けるようになったり、ある程度時間が経っていても効果があるというように、他の条件づけとは異なる特徴を持っています。ただし、動物の種によっては避けるようになるのが特定の味ではなく、特定の色であることもあります。ところで、アメリカではオオカミやコヨーテから牧場のヒツジを守るためにこれらの捕食動物を駆除するのが通例でしたが、この方法は生態系に悪影響を及ぼします。そこでガルシアらは、オオカミたちに塩化リチウムを塗ったヒツジの肉を食べさせ、ヒツジを避けるようにさせるという味覚嫌悪学習の原理を応用した方法を提案し、実験によってその有効性を確認しています。

　一方で、楽しい経験に結びつけられれば、その食べ物はおいしく感じられ、好物ともなるでしょう。『給食の味はなぜ懐かしいのか?』（山下柚実、中公新書ラクレ）に、小学校の教室を再現し、給食のメニューを提供するレストランが人気となっていると紹介されていました。小学生に人気の給食メニューに油で揚げて砂糖をまぶした揚げパンがあるそうですが、これは先に述べたようにほとんど脂肪と糖から成っており、給食でなくとも一般に好まれる食べ物と言えるでしょう。しかし、このような特定の食べ物だけでなく、給食自体が懐かしいというのは、むしろ仲のよい友達と食べた楽しい思い出と結びついているからではないでしょうか。

(1) Steiner, J. E. 1979 Human facial expressions in response to taste and smell stimulation. *Advances in Child Development and Behavior*, 13.

(2) Davis, C. M. 1928 Self-selection of diet by newly weaned infants. *American Journal of Diseased* Children, 36.

(3) Richter, C. P., et al. 1938 Nutritional requirements for normal growth and reproduction in rats studied by the self-selection method. *American Journal of Physiology*, 122.

(4) Mozell, M. M., et al. 1969 Nasal chemoreception in flavor identification. *Archives of Otolaryngology*, 90.

(5) Johnson, J. L., et al. 1983 Psychophysical relationship between sweetness and redness in strawberry flavored drinks. *Journal of Food Protection*, 46.

(6) Gracia, J. & Koelling, R. A. 1966 Relation of cue to consequence in avoidance learning. *Psychonomic Science*, 4.

【図書案内】……………………………………

ビー・ウィルソン『人はこうして「食べる」を学ぶ』(原書房、二〇一七年)

栗原堅三『味と香りの話』(岩波新書、一九九八年)

伏木亨『だしの神秘』(朝日新書、二〇一七年)

山本隆『美味の構造―なぜ「おいしい」のか』(講談社選書メチエ、二〇〇一年)

(矢部富美枝)

■執筆者一覧（五十音順）

伊藤未帆（いとう・みほ）
神田外語大学外国語学部アジア言語学科講師
専攻：ベトナム地域研究

奥田若菜（おくだ・わかな）
神田外語大学外国語学部イベロアメリカ言語学科准教授
専門：文化人類学、ブラジル研究

小関清美（おぜき・きよみ）
神田外語大学体育・スポーツセンター講師
専攻：体育学

黒﨑　真（くろさき・まこと）
神田外語大学外国語学部英米語学科教授
専攻：米国史、米国黒人史

澁谷由紀（しぶや・ゆき）
神田外語大学外国語学部国際コミュニケーション学科准教授
専攻：社会学、社会心理学、社会調査法

土田宏成（つちだ・ひろしげ）
神田外語大学外国語学部国際コミュニケーション学科教授
専攻：日本近現代史

花澤聖子（はなざわ・せいこ）
神田外語大学外国語学部アジア言語学科教授
専攻：中国地域研究

林　史樹（はやし・ふみき）
神田外語大学外国語学部アジア言語学科教授
専攻：文化人類学、韓国・朝鮮研究

本田誠二（ほんだ・せいじ）
神田外語大学外国語学部イベロアメリカ言語学科教授
専攻：スペイン文学

町田明広（まちだ・あきひろ）
神田外語大学外国語学部国際コミュニケーション学科准教授
専攻：日本近現代史

矢部富美枝（やべ・ふみえ）
神田外語大学外国語学部国際コミュニケーション学科教授
専攻：認知心理学

吉田京子（よしだ・きょうこ）
神田外語大学外国語学部アジア言語学科准教授
専攻：イスラム学

吉田光宏（よしだ・みつひろ）
神田外語大学外国語学部国際コミュニケーション学科准教授
専攻：文化人類学

連続講義《れんぞくこうぎ》
〈食《た》べる〉ということ
──「食《しょく》」と「文化《ぶんか》」を考《かんが》える
NDC 383 / viii, 162 / 19cm

2018年9月15日　初版第1刷発行

［編　者］　神田外語大学《かんだがいごだいがく》
［発行者］　佐野 元泰
［発行所］　神田外語大学出版局
〒261-0014 千葉県千葉市美浜区若葉 1-4-1
TEL 043-273-1481
http://www.kandagaigo.ac.jp/kuis/press/
［発売元］　株式会社ぺりかん社
〒113-0033 東京都文京区本郷 1-28-36
TEL 03-3814-8515
http://www.perikansha.co.jp
［印刷・製本］　藤原印刷株式会社

ISBN978-4-8315-3012-7　Printed in Japan

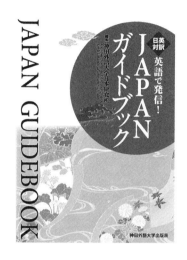